最強の心理學

有效到讓人中毒

神岡真司 著
陳畊利 譯

効きすぎて中毒になる　最強の心理学

提防惡用上癮小心中毒的
45個心理學絕技

CONTENTS

第2章 自由操控對方的行動

第3章 有求必應的極機密心理技巧

第4章 懂人心，才是職場常勝軍

第5章 讓愛情如你所願的男女溝通實戰技

前言

有效到讓人中毒的心理學，讓你的人生變彩色

讀完這本書之後，會帶來以下驚人成效。

★讓別人對你的第一印象充滿好感
★大幅縮短與別人變成好朋友的時間
★從被討厭的人，戲劇性地變成討喜的人
★改變職場地位，消除不合理的對待與討人厭的性格
★叛逆狂妄的部屬，搖身一變為尊敬主管的員工

★增進商業談判能力，實現大幅成長的目標
★鍛鍊識人的眼光，避免「遭心腹背叛」的困境
★拉大與對手的距離，在競爭關係上劃下句點
★攻陷喜歡的對象，進入受歡迎的桃花期
★男女關係不落入俗套，有長期發展的可能

換句話說，我期待你能將過往的人生經驗全部歸零，從現在開始轉變為彩色人生。透過這本書，你會發現原本認為不可能達到的事，也能一一實現，就看你怎麼運用書裡的技巧。

五種心理武器，克服人生所有挑戰

相信你也很希望自己能受他人信賴、不被輕視，可以依自己的想法行動，自由自在地生活。我們經常面對許多人生課題，發自內心希望達到安穩平靜的境界，因此更要一步一腳印地做出好成績。

本書將改善你的人生，提供讓你一用就上癮的各種武器，以「有效到讓人中毒的心理

學」方法分享給你。市面上心理學的相關書籍百百種，本書能稱為「有效到讓人中毒的心理學」，自有其獨到之處。當我們面臨人生的關鍵時刻，必定會將焦點放在引導現狀往好的一面發展，關注可以拿來運用的心理技巧。本書聚焦於此，將這些技巧條列整理出來。

無論在職場或生活上，如果無法度過最重要的時刻，便會慘遭淘汰，所以贏得勝利是不可忽視的重點。我希望大家都能安然度過人生中的一切難關，用本書中所有人都可以實踐的心理武器來攻陷對方。

本書章節參考實踐心理學（編註：透過大量社會實踐總結而成，是心理揣摩推理的一門科學）的五項要點而成。

★避免威脅、讓對方安心，大幅提升好感度的技巧
★有效建立人際關係的情緒管理法
★可看穿對方內心，達到有效溝通的攻略與實踐方法
★職場生存的心理戰術

儘管所有人都可以輕鬆執行這些方法，我還是會點出容易漏掉的重大盲點。看完這麼多讓人恍然大悟的實際操作方法後，相信你一定能感同身受，同時也獲益良多。

運用心理學，活出不一樣的自己

心理學是對於人類心理的分析，如果只知道個大概，沒辦法發揮太大效果。而且要了解怎麼實踐，才不會一知半解，如果沒有正確運用這些方法，就太可惜了。

這些方法有效到讓你一試就中毒，這麼說可不是虛張聲勢或隨意誆騙。讀完後，相信你可以重新擁有自信，更能靈活面對日常生活中的大小事。請你不妨將這本書視為生活寶典。

以下是我最喜歡、同時也是本書大力推薦的句子，分享給大家。

和別人做一樣的事情，就只能變得和別人一樣。

本書掌握了實踐心理學的要點，希望你能多加運用，解決人生中麻煩的困難，為自己帶來獨特又嶄新的生活。當你在人生舞台大放光芒，身旁的朋友將會驚呼連連。

第1章

支配大腦，好感度大提升

1 受歡迎的人都在用的方法

想要被喜歡，先了解被討厭的原因

面對陌生人或是討厭的人，我們總是會冷漠以對，就算對方有所請求，也會想盡辦法拒絕。**人之所以不想與對方有所交集，是因為下意識地感受到威脅**，這是動物的本能——把對方當成敵人。

假定這些陌生人和討厭鬼是危害到自己的敵人，再下意識經由動物本能，傳達危險訊號給自己。我們依循這項本能，不想太靠近敵人，正是因為覺得對方可能危及性命。

我們身體所做出的反應，與動物遇到天敵時是一樣的。當動物與天敵對峙、感覺生命受威脅時，身體會立刻緊繃，出現肌肉僵硬、心跳加快、呼吸急促的反應，並同時窺探敵方樣貌。動物接下來會如何行動呢？可能是與敵人開戰，也可能是逃跑，這兩者擇一的情況。此時，自律神經系統的交感神經全面啟動，在莫名巨大的緊張感包圍下，身心都會陷入非常不愉快的狀態。

換成人類也一樣，當一個討厭的人迎面走來，你神經瞬間緊繃時，會做出什麼反應？是假裝沒看到這個人，趕快繞道離開；或者擠一個笑臉，跟對方打招呼說「你好」；還是要表現出不屑的態度，一邊瞪著對方，一邊從他身旁走過去，把敵意完全展露出來呢？遇到這種狀況，我們被迫要在當下做出決定。

友善的表情與動作，帶來安心感

想要影響他人的內心，比較有利的做法，是讓對方對你抱持好感。若是對方懷有惡意，我們不僅不知道何時會受到攻擊，就連想要拜託對方時，也不會獲得任何幫助。

有人天生一副兇惡相貌、常常皺眉、態度傲慢自大、品味低下、待人不友善……，這些人雖然沒有危害他人的意思，但讓對方備感威脅，常被別人討厭或被列為拒絕往來戶，不僅無益於自己的人生，還會帶來非常不好的影響。

不讓對方感受到威脅，又能同時取得對方好感的最佳方法，就是笑容。人們對於笑臉迎人的第一印象是感到放心，即便是「裝出來的笑容」也無妨。

那些皺著眉頭、嘴角下垂的人，表情如此不高興，沒有人知道他們會做出什麼事，會讓他人感覺威脅。反之，面帶微笑、總是笑臉迎人的人，能夠緩和所有人的警戒心，例如空服員等服務業人員，會因業務需要而以笑容面對客戶。

若是你不擅長微笑，沒關係，以下表情能讓你在接近對方時，帶來安心的感覺。

★與對方見面時，將兩邊眉毛稍微向上提，眼睛稍微睜大。

★嘴角稍微向上揚起，做出類似微笑的表情（也可以用女孩子照相時營造可愛感的鴨子嘴）。

★雙手手肘向前抬高並稍微上舉，展開兩手的手掌內側以便讓對方看見。

實際上，這樣的表情與動作，是我們遇到喜歡的人時，自然而然表現出來的行為。尤其第三項動作相當知名，**展開兩手的手掌內側讓對方看見，是不會帶來威脅的一種肢體語言。**

很久以前，人們會將石頭等武器握在手中，可以想見，這或許是表示自己並未持有武器的證明吧！

掌心朝上，就可以卸下防備

請對方做同樣的動作，也能得到很好的效果。比如在商業會議上遇到態度強硬的對手，或是第一次約會，想要盡快與對方融洽相處時，可以在閒聊中假裝用遊戲或占卜的方式，向他提議：「可以讓我看看你的手掌嗎？」**當你讓對方的掌心轉向你，表示他稍微卸下了防備，雙方會改為採取較輕鬆的談話模式**，這樣的效果轉變十分明顯。

人們在緊張的時候，會促使交感神經作用，身體變得僵硬且雙手緊握。然而，若能讓對方雙手手掌張開並朝上，讓大腦接收到「現在是放鬆時刻」的信號，也就能刺激他主宰「穩定模式」的副交感神經系統開始作用。這是很有效的方法，可以讓對方自然而然地放鬆身體，乃至放鬆心靈。

我們可以從對方伸手的快慢，獲得一些訊息。若是先伸出右手，表示這個人是理性思考的「左腦型」；若是先伸出左手，則是感性敏銳的「右腦型」。只要再搭配一些小遊戲模糊焦點，便能讓對方僅靠張開手掌就能放鬆下來，同時縮短兩人之間的距離。

順道一提，如果是伸出手卻緊握手指的人，表示他的警戒心相當強；伸出手且手指輕輕張開的人，具有一定的協調性；把手掌張得大大的，則是不拘小節、充滿自信的人。

2 把「討厭」變成「喜歡」的技術

你討厭他，他也不會喜歡你

獲得別人的好感就是讓人感到放心，相處起來很舒服。相反地，讓人反感則是為別人帶來威脅、讓人不安。我們都希望能夠獲得更多人的好感，但這樣的願望總是很難達成。要做到這點，首先必須從自身給予對方好感才行，雖然我們都知道這個道理，但要付諸實行仍然是相當困難的事。

心理學有所謂的「互惠原則」（Norm of Reciprocity），這條法則又分為兩種面向：「善的回報」與「惡的回報」。**若我們先對對方抱持好感，對方也會對我們懷有好感，這是「善的回報」；如果對對方抱持反感，對方也不會喜歡我們，這便是「惡的回報」。**

「我打從一開始就討厭你」，如果有人明確地對你表現出這種態度，那麼要讓他對你產生好感或許並不容易。這種情況下，就算你想傳達親切感，甚至勉強自己接近對方，仍有可能遭到對方的「攻擊」。此時你或許只能選擇無視或迴避，以避免產生紛爭。換句話說，你的刻意接近，反而製造了被討厭的機會。

對他人抱持好感，是因為自我的生存本能感到安心，對他人抱持反感，則是因為生存本能感受到威脅。人們對於給自己帶來害處或沒有益處的人，會覺得有威脅性。

即使我們沒有加害對方的意思，但假如對方下意識認為我們帶來威脅，他就會盡可能地迴避，甚至是討厭我們。**因為人的潛意識會將過去發生的不愉快，以及你的表情和態度，全部聯想在一塊，把你視為危險人物。**

威脅感其實是從擔憂和恐懼而來的本能反應，是一種危險信號。想要消除對方對我們的反感，就必須消除他的認知，也就是消除「我們是個威脅」的想法，讓對方有放心的感覺。

釋出善意，才能擺脫惡循環

如果有某個人明顯討厭你，可以想見，對方一定覺得你對他有某種程度的威脅。即使你內心善良、個性開朗、待人親和、具協調性，是模範生等級的人物，但只要對方一感覺到威脅，就會討厭你。

對方認為你有威脅時，對你的感覺會分為以下幾種。

※鄙視：我對於你的容貌、談吐、文化水準和不良舉止，感到不舒服。
※嫉妒：你跟我在同一個等級（甚至次於我），你卻獲得人們的禮遇或讚美，我覺得不是滋味。
※背叛：你沒有達到我預期中的成果，我很不高興。
※否定：你對我持否定的態度，並且攻擊我，我很不舒服。
※輕視：我對於你藐視或無視我的存在，感到不愉快。
※投射：我不做那些會惹人厭的行為，但你卻自然而然地表現出來，我對這件事感到不愉快。
※歧視：你跟我是不同宗教信仰、不同人種、不同族群，我感到不舒服。

讓人感覺到威脅的理由不會只有一個，而是有很多因素摻雜在內，這是很正常的事。想要讓對方改變認知，我們可以透過互惠原則來操作。首先，必須由你自己先開始，向對方釋出善意。如果你也覺得對方威脅到你而開始討厭他，就永遠無法擺脫被「惡的回報」所支配的命運。

提出瑣碎要求，化解反感

對於那些討厭我們的人，我們必須加倍小心地去親近。可以試著提出一些「瑣碎的要求」，一般來說，**人們通常會拒絕討厭的人的要求，但如果這些要求是些瑣碎小事，想拒絕也很麻煩，最後乾脆就接受了。**若對方是電腦高手，可以向他請教關於電腦操作的小問題，也可以向他借一些文具用品。之後再很誠懇地向他道謝，表示你真的非常感謝他的幫助，這樣就可以了。

就對方而言，面對你的詢問、要他借你東西，這些都是很不舒服的事，他們因此生出「無法原諒自己做出這些事」的煩躁心情，屬於一種認知失調（Cognitive Dissonance）。然而，**當他收到對方誠懇的感謝時，認知便會產生變化，「這傢伙出乎意料的是個好人呢。」**

如此一來，原本懷著「我竟然親切對待討人厭的傢伙」的不舒服，自然地轉變為「因為他是好人，所以我對他親切」，讓自我認知達到協調。

只要你慢慢地反覆做這些事，相信你也可以消除對方對你的反感。

3 稱讚缺點，更能打動人心

缺點比優點更容易發現

我們都很容易注意他人的缺點或弱點。別人的缺點有時會對我們造成威脅，但有時也能拿來攻擊對方，這就形塑了一般人的想法：與其把重點放在尋找對方的優點，不如專注找尋他的缺點，因為這關乎我們的安全。

人類因循動物本能而生存，所謂本能，是把存活下去當作目標的生存方式。為了存活，就必須讓自己比他人更為優越。**想要讓自己更優越，就需要了解他人的缺點與弱點**。

正因如此，人們不喜歡暴露弱點，一旦被別人發現弱點，就很容易受到攻擊。相反地，大家會想要展示優點，因為比其他人更優越與能繼續存活的安心感息息相關。每個人都有

「自尊需求」（Esteem Need），想要被認同、被稱讚、獲得他人讚賞，這樣的欲望早已存在於與生俱來的本能之中。

你確實了解自己的優點和缺點嗎？舉例來說，若某個人帥氣有魅力，擁有跟大家立刻打成一片的卓越溝通能力，我們就可以說他具有相當強大的優點，這就是生物的優越性。

然而**在這個世界上，大多數的人，甚至可以說絕對多數的人，並不具備這樣的優勢**。不是帥哥、不是美女、身形肥胖、個頭矮小、低學歷、低年薪、內向、不擅長說話、負面思考……，有著各式各樣的類型。

讚美要有深度，產生共鳴是關鍵

大部分的人如果想要跟別人的關係變得更好，會去挖掘對方的優點，並且提出來稱讚。諸如「你長得好高，一定很聰明吧」、「你好年輕，充滿朝氣」、「你在很好的公司上班耶」。讚美能滿足自尊需求，讓我們有好心情。

不過，**有時候向對方釋出善意、讚美對方的優點，反而會帶來反效果**。這種情況容易發生在這個人已經很習慣被稱讚的時候，對方常常聽到「你好美麗」、「你在上市公司上班，好優秀啊」這類的話，對他們來說，雖然反覆聽到不至於讓他們不開心，但這些讚美充其量是一種「自我確認」而已。換句話說，這樣的稱讚只是讓對方覺得「又來了」、「又是講這些」，進而產生「你隨便評斷就草草結束」的感受。「這些客套、奉承、諂媚拍馬屁，只是你為了討好我，想抓住機會往上爬的手段」，若對方這麼看你，你的行為只會讓雙方的關係加速變成主從性質。

面對這樣的人，**從他們不為人知的一面或辛苦的生命歷程來著手，是比較有效果的。**「你的用心周到無人能及」、「這個做法這麼特別，會不會很累人呢？」、「這麼困難的企畫案，你竟然能夠迎刃而解」，像這樣從表面聚焦到內部，是一個不錯的方法。對方聽完你說的話之後，便會開始回顧過去那段辛苦的日子，侃侃而談自己的歷程。就結果來看，這也是一個讓對方讚賞自己的好機會，讓人特別開心，因為當事人會沉浸在當時的成就感。稱讚對方時，要循序漸進地從表面一路延伸到心路歷程，才能獲得共鳴。

正面看待對方的弱點

若想要更進一步打動對方內心，可以把焦點放在當事人自認的弱點上，改用積極的方式稱讚他的這項特點。例如，對於內向的人，你可以反過來稱讚他安靜的性格，「要怎麼做，才能像你這樣溫和沉著呢？」

「我的弱點竟然沒有被批評，反而獲得正面評價！」這個人想必也非常驚訝。一旦他的存在被你深度分析並獲得好評價時，他的自我肯定感就會顯著提升，同時，你的洞察力也會令他佩服，增加不少對你的信任感。

試著從日常生活做起，練習將負面形容詞轉換成正面的讚美吧！例如把「聒噪」換成「活潑」、「廉價」換成「物超所值」、「單調」換成「整潔」、「吝嗇」換成「節儉」、「肥胖」換成「穠纖合度」、「強勢」換成「具領導力」、「固執」換成「前後態度一致」……如果我們在對話中多多使用正面積極的詞句，一定更能讓對方感受到你的知性與品格。

4 讚美的藝術

讚美主管，怎麼做才不會遭白眼？

如同前面所述，適時讚美他人是一件很重要的事，不僅不會為對方帶來威脅感，還能使其放心，獲得善意的回應。這種最能滿足自尊需求的讚美，大抵可以分為以下四個類型。

※讚賞型：「不愧是」、「好厲害」、「太棒了」、「真完美」等迎合之詞。
※共鳴型：「原來如此」、「如您所言」、「所言甚是」等回應之詞。
※關懷型：「一定不容易吧」、「還好嗎？」、「我幫你拿吧」等協助之詞。
※謙卑型：「不敢當」、「學到很多」、「望塵莫及」等謙遜之詞。

但是，有一項千萬別誤會了。**稱讚雖然是對他人的評價，但其實是一種「上對下」的表現。**換句話說，員工稱讚主管就變成了禁忌。當你聽到「經理的高爾夫球技進步了耶」、「課長變得好會使用Excel喔」，會覺得哪裡怪怪的吧，被稱讚的那一方也很容易產生一種「別小看我」的想法。

你可以換個類似讚嘆的說詞，例如「經理學習高爾夫球的速度，真是太令人驚艷了」、「好佩服課長能夠如此靈活運用Excel表」，**單純地陳述事實，是比較好的做法。**這麼一來，也不會造成由上而下的威權壓迫感了。

或者，你可以謙虛地表示「我啊，怎麼樣也無法像經理一樣能幹」、「課長是用什麼特別的方法來製作Excel表單啊？」，改成驚訝詢問式的讚美。

居上位者，是給予評價的一方；居下位者，則是獲得評價的一方。若不時時刻刻記住這一點，別人很容易評斷你是「那個厚臉皮的傢伙」。稱讚看起來很簡單，做起來卻出乎意料地困難。它的使用時機點非常重要，尤其是讚賞型和共鳴型讚美。如果你在其他人在場時也頻繁使用的話，這些讚美會變得很像客套或奉承，無形中降低了被稱讚者的品格。

不要對廚師說「你好會做菜」

同樣地，還有一個經常發生的狀況必須注意，**外行人應避免對專家做出平淡敷衍的讚美**。比方說，你對系統工程師說「你好了解電腦喔」，對廚師說「你好會做菜喔」。由於對方是該領域的專家，一旦你針對他的專業知識或技術給予讚美，會讓他覺得不對勁，因為在這個領域中，對方的地位遠遠在你之上。

縱使你以旁人立場稱讚對方，但這種上對下的態度很容易顯現出你的傲慢。如果對方心想「這是理所當然的吧，你是在小看我嗎？」，這些稱讚反而會帶來壞印象。

不妨改變讚美的角度，**把話題帶到對方創造的成果上面，就可以避免顯露高傲態度**。像是「機器的操作介面改善了好多，太感動了」、「這是我有生以來嚐過最美味的料理了」，這樣的表達方式聰明多了。

讚美他人要有技巧。縱使你本意是好的，如果讓對方感到不舒服，就不是好的方式。所謂稱讚，是以良善巧妙的方式，提及對方自豪或得意的部分，讓他有被打中的感覺。但對於專家或是輩分較高的人，要避免傳達出上對下的傲慢，必須讓對方有放心的感覺，進而對你產生好感。

用客觀角度來讚美，更能擄獲人心

此外，**男女之間也必須注意稱讚異性的方式**。一般來說，對方會感到開心的表達方式如下所列。

★ **稱讚男性：「真有男子氣概」、「好有肩膀」、「堂堂正正」、「身材魁梧」、「知識淵博」、「公司交辦你很重要的任務呢」、「第一次來到這麼棒的店」、「請再多教我一些吧」等。**

★ **稱讚女性：「有女人味」、「託你的福」、「真是幫了我大忙」、「○○很適合你」、「好棒的○○啊」、「笑容很迷人」、「真有品味」、「你好有魅力」、「好可愛」等。**

男性因自古以來的狩獵本能，產生了強壯勇健的特質；女性因收集和保護本能，產生了堅強性格並且提供強大後援。兩方若是被稱讚到這些特點，都會很高興。

此外，若是**借用客觀第三者的角度來稱讚對方，不僅可以避免讚美流於客套或奉承，還能增加對方的信賴感**，這便是「溫莎效應」（Windsor Effect）。「〇〇先生，大家都說你是個值得信賴的人呢」，像這樣藉由他人之口來傳達讚美，不論評價者或是傳達評價者都會讓人留下好印象。同樣地，當你說別人的壞話或謠言時，也有可能傷害到第三者，請務必留意。

5 過度客套，等於否定對方的讚美

被誇獎好漂亮，別再回答「沒有啦」

前面提到「互惠原則」的概念，是指人們受到恩惠時，想要回報給對方的一種心理狀態。這種恩惠不一定是收到物品或得到服務，單純的言語也能激發這層效果。當人們對你說了恭維的話，你也會回應「哪裡哪裡，沒這回事，〇〇先生您才是楷模呢，對吧？」，雖然否定了對方恭維的內容，但你的內心肯定是開心的，這種情形相當常見。

恭維雖然是種「虛假的讚美」，但既然可以讓對方開心，沒有不使用的道理。而且恭維不需要成本，對於平常的待人處事是非常有必要的。

此外，以心理學的方法來看，**若人們對你說了恭維的話，你卻表示害羞並否定對方「哪**

裡哪裡，沒這回事」，其實並不好。你可以先向對方說聲「謝謝」，表示肯定他的意見，再以恭維的話回應：「○○先生你才是○○，對吧？」，如此一來，就是一個不用否定對方意見的聰明方法了。

一句「謝啦」，比完全沒表示來得好

人與人之間的溝通，好聽的客套話是不可或缺的。然而，人們接受恩惠後卻忘記說「謝謝」的情形也經常發生。比如說，你在公司或餐廳等地方，得到主管、客戶、員工或服務生的幫助，你卻視為理所當然，沒有表達一句感謝的話，就會給人不好的印象。

即使你只說了短短一句「謝啦」，也能讓對方留下好印象。**對方開心之餘，也會想回報你的感激之情。被他人感激這件事就跟被讚美一樣，有相同的效果。**

人類的生存本能中渴望能滿足「自尊需求」，想要他人肯定自己的存在，獲得好的評價。而他人的感謝之情，正是自我受到認可的表現，人的本能會因此產生放心與好感，認定對方是夥伴。

如果接受了恩惠，但沒有表達感謝，或許會在對方的心裡埋下一顆不舒服的種子，可能為雙方關係帶來莫大的傷害。有越多感激之心的人，從互惠原則來看，未來也能得到更多的恩惠。

說謝謝會難為情？換另一種說法試試看

當你表達感謝之意時，對方會感到放心，因為這是你對他的自我存在表示肯定。感謝的話語能在瞬間散發出強大的力量。對方原本對你還有不舒服的感受，卻可以在當下就轉變成放心。

以下為一例證，只要對正在氣頭上的人這般恭敬地說話，情勢就會有很大的轉變。

顧客：「這家店是怎麼了？這是什麼服務啊，菜也上得太慢了！好不容易等到菜上桌，卻跟我們點的不一樣！（怒）」
店員：「非常抱歉，我們理解您的憤怒，謝謝您指出問題，我們由衷感謝，也非常感激您今天的光臨。」
顧客：「算了，以後你們多注意點。可能今天人太多了……（降低音量）」

由於**感謝的話能夠滿足自尊，因此對於平息怒火也有著強大的效果**。比方說，你在進入職場後，父母親仍然會囉嗦地說教，不妨試試以下的方法讓他們停止說教。

母親：「你每天都醉醺醺地回家，到底在公司都待到幾點？跟誰在一起喝到這麼晚才回來？你的公司該不會是黑心企業吧？」

兒子：「謝謝媽媽為我的健康擔心。我沒問題的，真的非常感謝您。」

母親：「好吧，或許你公司有很多交際應酬，你自己要小心……（降低音量）」

不過，如果你**對於直接表達或正式表達感謝會感到難為情，也可以用「高興」、「幫大忙了」、「感謝」來代替**，像是「真是太開心了」、「你幫了我很大的忙」、「老實說，我真的很感謝你」。

直接傳達自己的感情，是一種對對方的行為或存在表示肯定的方式。待人親切的人，會因為看到對方開心而感到滿足，進而想對對方更好。如前所述，人們會因此產生「因為他是我喜歡的人，所以我對他好」這種一致的認知。

就好像在郵件的問候語中，常會見到開頭寫著「承蒙照顧」或「總是受您照顧，非常感謝」，也能讓對方留下好印象。此外，**心理學中有一項實驗結果也顯示，請他人轉交文件時只要附上一張便條，簡單寫上「謝謝你每一次的幫忙」，這份文件就會被優先處理。是不是很有趣呢？**

6 溝通高手不見得話多，但很會聆聽

抓住關鍵字，讓對方掏心掏肺

美國曾經針對擁有一千萬美金以上資產的族群做問卷調查，其中一題是：「哪一項能力對你的成功最有助益？」結果顯示，最多人認為是「溝通能力」。

溝通，是帶著知性和情感去傳遞想法，我們可以說，具有良好溝通能力的人，就是擅長與對方打好關係的人。由於能和對方建立良好的人際關係，因此可以順利交換情報、獲得許多協助。

然而，如果只顧著自己說話，有時候會讓人誤會是「很會說話的人」或「很會推銷自己的人」。實際上，具有良好的溝通能力、能言善道、善於炒熱氣氛、擅長主持座談會的人，都有一個共通點，**就是給人擅長聆聽的印象。**

這類型的人與別人說話時，對方說的話占八成，自己則占兩成，對方說話的比例越高，他們越會得到這樣的回饋：「跟你說話好開心」、「你的話題好有趣」等。對方述說自己的興趣或關心的話題時，他們通常會仔細聆聽，留給對方好印象。有些人還能**抓住關鍵字，讓對方安心地說更多的話。**正因為在對方心中留下好印象，溝通因此變得圓滑順暢。

自我炫耀的話題，沒人想聽

如果你的目標是成為溝通高手，不妨參考心理學家羅伯・翟恩茨（Robert Zajonc）所提倡的「翟恩茨三法則」。

1 人們對於不認識的人，會以具攻擊性、具批判性和冷淡的方式來應對。
2 人們會隨著見面次數的增加，提升好感度。
3 人們了解對方的性格後，會增加好感。

1是因為對不認識的人會產生「不喜歡」的氛圍。2是由於「重複曝光效應」（Mere Exposure Effect），短時間內不斷重複接觸到同一個訊息，便會對其有熟悉感。電視廣告就是大量運用這樣的效果，讓消費者對產品感到熟悉。不過，若對方在過程中感覺不喜歡或甚至討厭，則不在此限。

3的性格是指人品、人格。越親切友好的態度，會讓人提高好感度。那麼，在現實生活中遇到需要溝通的時候，我們要怎麼做才能提升好感度呢？一個人親切敦厚的特質，會表現在表情與態度上，但是**要用語言來表達自己的個性，卻出乎意料地困難**。

現實生活中，我們常碰到這種狀況：**以為對方要自我介紹，但其實是在突顯自己的興趣或專長**。例如，你跟對方介紹自己的興趣是園藝或打高爾夫球，但對方一副興趣缺缺的樣子，「喔，這樣啊」，這種時候，即使你繼續把話題延伸下去，如「我家有大概兩百盆左右的盆栽」、「我上個月的高爾夫球成績超好的」，在別人看來也只是充滿炫耀而已。或者當你自我介紹「我的興趣是鐵人三項」時，對方回應「哇，好厲害的運動啊」，如果你對這樣的反應過度自我感覺良好，又繼續說著「去年我在沖繩大會得到第五名呢」，如此一來，又陷入了炫耀自我功績以及解說運動比賽的循環之中，話題就如脫韁野馬般難以拉回來。這種狀況，對正在聽你說話，卻一點興趣也沒有的對方而言，真的是困擾至極。

糗事最適合拿來當話題

人們在自顧自地說話的時候，總是不小心就會炫耀起自己的功績，令對方不愉快。如果要說的話，不妨說一些自己的小缺點，讓對方感覺「安心」甚至產生優越感。

※「我雖然已經二十七歲，不過出社會才第三年。這不是因為我有轉職的經驗，老實說，我大學時曾經夢想成為搞笑藝人，所以花了六年時間才把大學念完，然後就變成現在這樣了。」

※「其實呢，我每天從老家坐電車到公司上班，通勤時間來回要三小時。一年算下來要七百二十個小時，換算下來，一年有三十天我都在電車裡面生活。」

※「我是個粗心大意的人，常會說錯話，像是前幾天同事外出，有電話打來要找他，我應該要說，『不好意思，他現在不在位子上』，結果我卻說成『不好意思，他總是不在位子上』。還有一次，我在蔬果店要問老闆有沒有賣青蔥，結果卻大聲說成『請問有賣腋

毛嗎？』」。（譯註：青蔥與腋毛的日文發音相似）

類似這種會讓人難為情的例子，不但可以沖淡現場的嚴肅氣氛，也能讓人感受到你的幽默。準備一些自己的糊塗小缺點或出糗的失敗經驗（說出來會冷場的缺點就不用了），在適當的時機說出來，可以發揮驚人的功效。

7 示好時多想兩分鐘，不再嚇跑對方

從陌生到親密，必須一步步來

要讓別人喜歡自己，最重要的是不會造成對方的不愉快，並且能夠讓對方放心。英國心理學家麥克・阿蓋爾（Michael Argyle）提到，人際關係的模式依照親密程度不同，分為四種層級，每跨越一個層級，親密度會跟著增加。

※一般層：與陌生人之間的關係
※社會層：與公司主管、同事或學校老師之間的關係
※朋友層：與朋友之間的關係

※ 親密層：與家人、戀人、好朋友之間的關係

麥克・阿蓋爾表示，**若突然跨越不同層級，去追求更高親密度的話，對方會因為錯愕而做出這兩種反應：拒絕或接受，但大多數的人都會選擇拒絕**。突然跨越不同層級，是很容易嚇到對方的。想要關係變得更加親密，切勿讓對方過於錯愕，必須一步一步來，依照順序跨越層級。

前面介紹的「翟恩茨三法則」，說明了這些層級於初期階段的跨越方法。比如說，你每天傍晚帶狗散步時，會遇到其他跟你一樣帶狗散步的人，他們屬於「一般層」。隨著多次的不期而遇，到後來你們會自然而然地跟對方打招呼。這種情形是不是很常見呢？這樣的效果，便是「翟恩茨三法則」中的第二法則：重複曝光效應。

接下來，雙方便會從打招呼開始，延伸出相關對話，例如：「您的狗是哪個品種的呢？」、「我家的是米克斯。」、「幾歲了？」、「已經是六歲的老爺爺了。」從這些對話中，我們也可以逐漸了解對方的為人與性格。這裡開始顯現的，則是翟恩茨的第三法則：人們在知道對方的性格時，會抱持好感。

距離拉近的五個過程

帶狗散步的兩人，從原本只是路上擦身而過的「一般層」關係，轉變成能夠互相對話的「社會層」。我們用心理學的「親密發展模型」（Intimacy Process Model），來看看這種雙方變得親密的過程吧！

★第一階段——相遇
★第二階段——親密
★第三階段——固定
★第四階段——穩定
★第五階段——互相理解

第一階段的**「相遇」**，是第一印象形成的過程。人們會在這個階段，觀察對方是屬於哪種類型。而這邊有三項判斷的基準，分別是外在因素（容貌、打扮）、性格因素（說話方式、態度）、社會因素（職稱、社會評價），是否要與對方維持良好的關係，關鍵就在這些地方。

接著是第二階段的**「親密」**，與翟恩茨第二法則的「重複曝光效應」是一樣的概念。因為短時間內不斷增加與對方接觸的頻率，不僅使對方放心，也縮短了兩人之間的距離。

第三階段的**「固定」**，則是找出兩人之間存在多少「共通點」的階段。與他人談話時，人們若發現彼此為同鄉，或是對食物的喜好很相似、興趣相投、有一樣的運動經驗等，便會急速提升親切感，與對方倍感親近，同時炒熱聊天的氣氛。雙方擁有越高的相似度、擁有越多的共通點，彼此的同伴意識也會隨之提升。

接下來是第四階段的**「穩定」**，這是指就對方擅長與不擅長的部分，彼此互補的關係。像是對方很熟悉電腦操作，但自己完全不了解，此時就可以互相理解對方的「優勢」與「弱勢」，彼此互補與互助合作。

最後的第五階段是**「互相理解」（自我揭露）**。雙方坦白說出內心話，達到互相理解的親密關係。

像這樣分開來看每一個階段，即使是有目的地接近對方，這些方法還是能夠加深彼此的關係。相信你在實際操作之後，一定會感同身受。只要了解這些順序，相信你的人際關係也會有不一樣的發展。

8 從表情、動作和小細節，看透對方真心

無法分辨「善意」和「惡意」，人生將會很危險

區分別人對自己懷有善意或惡意，是相當重要的，社會上大約每二十人至三十個人之中，就有一個人是「反社會人格障礙」（Psychopath）。

患有精神疾病的人當中，有些人可能自幼年時期便有殘忍冷酷的一面。殺害昆蟲或小動物時，會覺得興奮、若無其事地在商店順手牽羊、長大後喜歡尖銳的物品如刀具或手槍等危險武器、面不改色地說謊、喜歡看到他人受騙時的難過神情等。有研究顯示，多數的成年暴力犯罪者，幾乎都是這種類型。他們是一群罪惡感淡薄的人，只以自己為生活中心，完全不去理解他人的心情。當人們難過哭泣或痛苦呻吟時，他們也認為與自己無關。

然而，隨著成長，他們會逐漸學習察覺他人的心情，對年幼時做過殘忍的事或說過的謊等，多少會有些理解。於是，他們會展現出一種與小時候完全不同的面貌，就像另一個人似的，變得相當友善親切，讓人難以區分。

因此，**當對方與你接觸時，不論他的笑容多甜美、身段多柔軟、態度多溫和，也絕對不可以毫無心機地全然信任對方**。因為你很有可能相信了對方，而讓自己在未來後悔，有了這類的哀嘆，諸如「不會吧」、「怎麼會」、「真不敢相信」。這個世界上，有太多變數，即使是自己的親人，也可能做出讓人難以預測的行為。

比方說，發現存款在自己沒注意時被全數領出；公司公款遭盜領；對方為了順利再婚，把你的小孩推落懸崖再偽裝成意外；妻子每天讓丈夫飲下少量毒藥，殺害他並領取高額保險金；小孩為了獨占較多遺產，趁雙親罹患失智症而臥床不起時，找人製作遺囑證明；把違禁藥偷偷放在對手公司員工的包包內，然後報警將其逮捕，企圖栽贓對方……

這類案例僅僅是冰山一角，社會上應該還存在許多數不清的、在黑暗中真相仍然不明的事件。你必須有認知，一旦鬆懈了警戒，是會害死自己的。

從表情動作判斷好意或惡意

我們要從對方的表情或動作中，分辨他抱持的是善意或惡意，提早知道對方是敵是友。如果是敵人，我們就可以盡早採取溫和的方式安撫、籠絡對方，也能比較放心。以下的例子，提供大家一些推斷的基準，請務必參考。

★抬起下巴，邊說話邊盯著你看的人，表示內心瞧不起人，有強烈支配慾望。

★收起下巴，說話時眼神往上看你的人，表示對你存有懷疑與警戒心。

★雙手手肘扶靠在桌上，雙手合十放在嘴邊，表示對你存有疑惑。

★有時候會用手指指著你，表示對你有敵意。

★不時用手指敲桌子敲出聲，或一直按原子筆按個不停，表示很焦躁。

★站在你面前雙手自然垂下，但只有伸出兩手食指，表示對你有敵意。

★露出皮笑肉不笑的表情，表示正在思考要如何處置你。

★笑的時候嘴角不對稱，僅朝一側抬起的人，帶有輕蔑之意。

★說話時會瞬間皺一下眉頭，表示對你藏有惡意。
★說話時雙臂交叉，表示對你有警戒心，想要讓自己處於安心的狀態。
★很大方地將手心朝向你、給你看的人，表示對你有相當程度的信任。
★雙手交叉放在桌上或大腿上，身體蜷曲成圓形的人，表示對周圍有警戒心。
★迅速以舌頭舔著乾燥嘴唇的人，大多表示因謊言沒有被揭穿而感到安心。
★用手撫摸額頭的人、或手指在眉間游移的人，表示想要好好冷靜並思考。
★嘴唇使力，並且呈現一字型或ㄟ字型，表示正在壓抑不滿的情緒。
★鼻翼快速收縮，表示此人懷有怒氣或想反抗。
★說話時不注視對方的臉，眼神稍微朝下，並且用詞謹慎的人，表示對自己沒自信。
★有摸耳朵或轉動脖子等小動作的人，表示對你的話沒有興趣。
★把雙手交叉在後腦勺，表示他很安心自在，也很信任你。
★臉微微朝側面傾斜，以斜視的目光看著你，表示對你懷有敵意。
★偷偷盯著你、觀察你的舉動的人，若與你同性別，很有可能視你為敵人。
★握手時沒有散發熱情的人，表示對你漠不關心，或者屬內向性格。

★身體朝前，正對著你，並且對你的話有所回應，表示在展現對你的友好善意。
★若桌下的雙腳有一隻沒有朝向前方，而是朝向不同的方向，表示他覺得很無趣。
★若桌下的雙腳腳尖交叉朝向你，表示對你放心且友好。
★把桌上的水杯、玻璃杯或小東西移到旁邊，讓眼前有開闊的空間，表示雙方可以積極交談。

9 從口頭禪透視對方的性格

把「想變成有錢人」掛在嘴邊，反而不會發大財

跟人們習慣做出的表情或小動作不一樣，**口頭禪之所以有重大影響，是因為它會改變一個人的性格與行為習慣**。或許你會認為「沒有這麼誇張吧？」，但這卻是事實。

日本有一種言靈信仰。所謂言靈，是指言語本身具有靈魂。「我覺得每天都好無趣。」如果你天天這樣抱怨發牢騷，你真的會認為每件事越來越無趣，到最後只會變成一個行屍走肉、沒有生氣的人。

人們稱這樣的現象為「言靈效果」。社會上有此一說，若在潛意識中灌輸「每天都好無趣」如此鮮明的暗示，這股力量將嚴重影響到生存本能，最後甚至會減損生命能量。

語言暗示的影響力相當巨大。在「吸引力法則」（Law of Attraction）的概念中，也提到相同的論點。想要讓自己的心願實現的話，正面肯定的宣言相當重要，你可以透過不斷重複這句宣言，讓正向思考滲透到潛意識裡產生作用。舉例來說，你的宣言是「想要成為有錢人」，這表示你現在還深植著「貧困」的意念，所以不妨將句子改為現在進行式，將宣言改成「錢一直往我這裡聚集吧」，就會逐漸看見效果。

「反正」、「果然」、「沒辦法」、「束手無策」，若是把這些帶有放棄意味的牢騷當作口頭禪使用，就會漸漸扼殺自己未來的可能性。我們必須留心自己的口頭禪，因為不好的暗示性言語，很有可能隨時入侵你的潛意識。

你可以試試這個好方法：詢問身邊的人，看看你有沒有任何負面的口頭禪，說不定會得到出乎意料的答案。

「你的口頭禪就是——不管遇到什麼問題，你總會說『我會努力去做』，但是完全沒有認真想要『努力去做』吧。你只是膚淺地以為只要說出這句台詞，就會獲得他人的信任。我覺得你的『我會努力去做』，聽起來就像是不負責任的免死金牌台詞。」

如果你身邊的人用把你看穿一般的犀利言詞來回答你，你真的要想辦法把壞的口頭禪封印起來。

把「原來如此」當口頭禪的人，其實很固執

口頭禪與個性和行為習慣關係甚深，在此大略舉出幾項具代表性的口頭禪，並分析其背後隱含的性格特徵，請務必參考。

★「吃屎」、「可惡」：個性幼稚沒耐心，易顯露情緒，欠缺冷靜的心。

★「那個……我想」：沒自信，想要有夥伴。具有強烈想要依賴人的心情，撒嬌型個性。

★「原來如此」：看似同意他人，但其實是堅持自己意見的類型。

★「說到這」：像孩子般任性，貫徹自我主張、以自我為中心的類型。

★「果然啊」、「果真如此」：不深思熟慮的樂天派，做事缺乏計畫、異想天開型。

★「我想一下」：會果斷拒絕，意志頑固的人。欠缺協調性的固執類型。

★「我很忙」：強調自我存在，引人注目的同時也相當害怕寂寞。

★「一般來說」、「依常理來看」：把自己的意見硬說成是常理，任性的性格。

★「順帶一提」：想要補充資訊的貼心與自認知識通的自豪感同時存在，囉嗦性格。
★「簡而言之」：不喜歡麻煩事，沒耐心。喜歡控制全場，是有領導欲的人。
★「不過」、「但是」：負面思考，具有愛自己更多的性格。優柔寡斷，喜歡待在自己的小世界。
★「是沒錯」：向對方表示自己的贊同，但其實是固執己見、獨立性強烈的人。
★「這個嘛」：沒自信，想要打馬虎眼、不想負責任的個性。
★「姑且先這樣」：即使弄錯或失敗也不想負責任的類型，和平主義者。
★「我跟你說」：誠實純真。不失天真的性格，表裡如一。
★「好可愛」：內心想要被人稱讚「可愛」，害怕寂寞。
★「對吧？」：不把話說死，不喜歡爭鬥，但其實是笑裡藏刀的腹黑性格。
★「一定」、「絕對」：即使說話沒有根據，仍會誇耀自己的見解，任性不負責任。
★「沒錯吧」：常想著要高人一等，不服輸的個性，具強烈叛逆心。
★「好厲害」：趕時髦、三分鐘熱度的人，喜歡直線思考。
★「好奇怪喔」：雖然對自己的想法沒信心，但也不想被他人否定的軟弱個性。

★「我不會做壞事的」：以自我為優先，可以很自然地說謊，有小聰明。
★「都是為了你」：實際是為了自己，性格冷酷狡猾。
★「先這樣吧」：不喜歡變化的固執者，個性優柔寡斷、自尊心強烈、猶豫不決。
★「我只告訴你」：假裝自己說的話很有價值，工於心計的人。
★「比較」：堅信某事的性格，容易疑神疑鬼，視野狹隘。
★「好像」：容易依賴他人的孩子類型，不喜歡瑣碎麻煩的事。

★ 心理技巧1

瞬間占上風的「初次見面祕訣」

很少有日本人會在第一次見面打招呼時與對方握手。但在歐美，握手是相當自然的習慣，跟日本完全不同。所以當你在日本一邊伸出手，一邊說「初次見面，請多指教」時，會讓對方一時之間不知所措，常常會發生對方也趕忙伸出手，慌慌張張地回應你的狀況。

實際上，這時的主導權掌握在要求握手的那一方手上。就像雙方談判時，有一種「由我來主導」的默契，會掃過對方的潛意識。

談判時，可以讓對方因匆忙回應握手而產生膽怯之意，並在不知不覺之中，讓這個情緒烙印在對方心中。接下來，如果你想要讓這個動作產生更大的影響，不是把手掌直接打開，而是要稍微把手心向下朝對方伸出去。這麼一來，對方就必須稍微將手心朝上來與你握手。此時，對方的潛意識中會產生沉重的心理壓迫，出現「被壓制了」的強烈感受。

第2章

自由操控對方的行動

1 讓員工接受麻煩要求的話術

否定對方的自我重要感，會讓人心生反抗

「自我重要感」（Self-Importance）強烈的人，會非常認真看待自己的缺點和優點，這種人一旦被輕視或被當眾指責，心理就會受到嚴重的傷害，因為他們的自我重要感正處於搖搖欲墜的狀態。他們一旦產生這種想法，例如「又來了」、「我就是做不到啊」，自我的肯定就會降低，最終變得沮喪、開始鬧彆扭。這時候他們會開始想在言語上頂撞對方，在心底深處種下反抗的種子。

當主管對員工提出一些不合理的要求時，講話常會帶有命令語氣。

主管：「你聽好，這個星期內，你一定要給我拿一份新訂單，不管什麼都好，任何訂單都可以！」

員工：「好、好的，我、我會努力去做……」

這是主管用不分青紅皂白的恫嚇型命令來大聲斥責員工的例子，這種方式不但無法激發員工積極向前邁進的動力，反而會導致他們捨棄自我重要感，繼續依循以往的老做法。如果主管這樣和員工相處，員工完全不會想要額外付出其他努力。

同樣一件請求，只要主管改變說法，員工就會有不同的回應。試試看**以誘導的方式來詢問，讓對方更容易接受和採納你的要求**。

主管：「你在這星期結束以前，是不是可以得到一份新訂單呢？」

員工：「是、是的。這星期我會努力，應該有機會取得新訂單。」

對方此時的回答，就會是他自己判斷能否取得訂單之後，給出的答覆。

雖然員工當下可能心想「我不清楚未知的事」，但在經過內心短暫的自問自答後，最後也會清楚並肯定地表達自己的決定。這個方式讓員工保有自尊，也不會動搖到自我重要感，與在主管恫嚇型命令脅迫下而勉強答應的情形大不相同。

給予足夠的期待，激發員工潛能

只要把命令句改成疑問句，一個簡單的轉變就能給對方完全不同的感受。在接下來的例子中，我們可以看到，若在疑問句中加入些許期待感，對方的態度也會變得更為積極。

主管：「如果是你的話，我相信你應該可以在這星期取得新訂單，對吧？」

員工：「是、是的，我會盡力爭取。」

這裡的疑問句，比起前面的疑問句語氣來得更加肯定。員工聽到後，應該會先自問「我能拿到新訂單嗎？還是拿不到呢？」之後再回答。

如果可以用充滿信任與期待的語氣跟對方說：「如果是你的話，應該辦得到。」想得到

一個滿足你期望的積極答案，相信不會是難事。對方知道自己受到期待，基於「互惠原則」，便會做出符合提問者期待的回應。

同樣的，主管把工作全權交付給員工時，稍加提問也可達成目的。

主管：「在這星期前，你如果能取得任何一張新訂單的話，可就幫了公司的大忙了。你有什麼想法嗎？」

員工：「好的，我會努力去做。」

「意見諮詢型」的人會以謙虛的態度詢問對方意見。如果主管能考慮到員工的想法，並且交由員工自行決定，他的這層考量能有效激發員工給予肯定的回答。

此外，用特別指名的方式稱讚員工，也會產生很好的效果。

主管：「能在這星期拿到新訂單的人，我看只有你了，萬事拜託了。」

員工：「我知道了，我會努力的。」

用言語激勵對方的自尊心，比如「只有你才做得到」、「只能靠你了」，對方會備受鼓舞而欣然接下任務。

另外，如果員工自尊心相當高的話，「稱讚加貶抑」也是很有效的方法。

主管：「你雖然是業績冠軍，但要在這星期取得新訂單，我看恐怕也是不容易吧？」

員工：「不，沒有這種事。我會挑戰看看，試著努力做到。」

只要換不同的說話方式，就能讓員工依循自我意識開始行動。

2 面對挑釁的回擊戰術

雙方互相尊重，關係才能長久

人要懂得互相尊重，保持在彼此對等的關係，但如果你是單方面地依從於某人，這就不是正常的人際關係。然而，這個社會上存在著三種不同類型的人。

★主動型（積極的、主動的、主動出擊的、主導的類型）
★被動型（消極的、被動的、守備防禦的、依從的類型）
★自信型（獨立的、行動的、中立的、對等的類型）

實際上，任何人都具備這三種類型的特質，差別只是在於面對不同情況時，我們會各自做出不同的判斷。舉例來說，有的人在公司裡屬於被動型的員工，態度總是順從謙卑、逆來順受，但當他一回到家，在家人面前就轉變成主動型的暴君性格。

這三種類型當中，最理想的人生態度就屬自信型。自信型這個詞，源自一九五〇年代美國的一句話「在對等關係中的自我主張」，表示從尊重他人的想法所衍生出來的模範行動方針。這句話的意思並非主導對方的行為，而是雙方能在對等關係上表達彼此的意見。**只要你能給出基本的尊重，自然也能獲得他人的尊重，這是一種相互的概念。**

美國存在著各種歧視問題，如種族、性別、少數族群、職場歧視等，這也往往衍生出其他問題，也因此出現「自信型」的概念。這意味著，一旦你不再需要靠限制他人或主導他人行動才能做事時，代表你本身已經從這樣的限制或束縛中解放，能夠獨立自主地行動，變得更加自由了。

反問和沉默是最好的回應

會用言語嘲諷攻擊你的人，一定不是自信型的人，對方為了給你下馬威，所以使用攻擊性言語。若他對你的態度傲慢無禮，你可以就這點告知對方，請他停止，這是自信型的人會採取的做法。

你必須針對對方的言論做指正，而非指責對方的個性，你可以說：「你說的話讓我很不舒服，請你停止」。但你如果只是難為情地笑笑回應，或帶有攻擊性地挑釁回去：「你說什麼？想找碴嗎？」或是假裝沒聽到、低頭不語默默忍耐——這些都不是自信型的回應方式。這些回應都正中對方下懷，只會讓對方洋洋得意、氣勢更焰。然而，許多採取被動型回應的人，大多因為畏懼而無法指正對方的不當發言。

教大家一個好方法，那就是簡短地問對方：「請問這句話是什麼意思？」如此一來，雖然看似瞬間反擊了對方，但實際上，你只是就其發言內容來提問，這就是自信型態度。只要鼓起勇氣，相信你也能做到。

同事：「你有去理髮店對吧？剪完頭髮，臉看起來更寒酸了呢（笑）。」
自己：「請問這句話是什麼意思呢？」
同事：「嗯？什、什麼意思？就是好心告訴你我的感想啦。」

自己：「喔……………（沉默不語凝視對方）」

當你突然問問題時，對方會因為必須在當下回答而焦慮，尤其被追問話中真正的意涵，更會使其語塞和慌張。光是這麼一句話，就足夠讓對方混亂，尤其是你問完話後立刻打住、想要逗弄對方時，更可看到這種效果。這是因為對方完全沒有想到你會回問他，所以才嚇了一跳。問完之後，採取無視對方回答並保持沉默的態度，靜靜地凝視對方即可。碰到眼前的人沉默不語且直盯著自己瞧，任誰都會覺得不舒服。

這就是無從得知對方想法的「阻絕溝通法」，能讓對方甘拜下風，停止繼續攻擊，同時也能明確表達自己不會乖乖地順從他。

3 成為團體中的風雲人物

最熱門的選項，能使大家意見一致

在團體會議上，總會有意見難以統整的時候，接連出現「不是這樣」、「不是那樣」的聲音。此時有個方法很有效，就是用最受歡迎的那一項來做決定。

A：「我們幾個好朋友的畢業旅行，將會成為我們大學時代最後的美好回憶。以便宜的選項來看，比較近的有中國、泰國，韓國也可以。不過，當我們出社會後，就不太能隨時說走就走，若能去歐洲的幾個主要國家，大家一起留下美好的回憶也是不錯，對吧？」

B：「我父母親擔心英國、德國、法國有恐怖攻擊，可能會叫我不要去。」

C：「跟父母親沒關係吧。我一直想去看看義大利羅馬跟希臘的古遺跡。」

D：「我想去印度。因為我還沒有去過，一定會有很棒的回憶。」

E：「什麼啊，大家想去的地方都不一樣，意見好分歧喔，是要怎麼統整啊？」

A：「對了，那我們用網路查一下，看最受歡迎的畢業旅行地點是哪裡，再來決定。」

B：「啊，那太好了！一起來找吧。嗯……有了！美國。美國的西海岸最受歡迎，就決定去西海岸吧！」

只要提到最熱門的項目，總是能夠讓大家都服氣。這個項目能獲得第一名的響亮名號，表示獲得了大眾支持，也具有能夠凝聚力量的說服力，可以影響眾人。**只要不是太過於極端，最熱門的選項往往可以調整團體方向，使大家的意見一致。**

生活中，我們可以看到蛋糕店櫥窗貼著寫有「本店最受歡迎的蛋糕」的店頭海報，家電量販店也展示著各類家電排行榜，如「熱門冰箱銷售前三名」等廣告看板。店家就像是施展神奇魔法的魔術師，讓消費者不再困擾如何選擇，又可以自行斟酌比較。

心理學有一項知名的「從眾效應」（Bandwagon Effect），人們只要跟大家做一樣的事情，就會感到放心。這項原理的英文名稱源自樂隊花車遊行，當隊伍前方的音樂響起，後方隊伍就會跟著前進。從原本開路的角色演變成具有「順應情勢、察言觀色、搭順風車」等意思。其他像是加入主流團體、跟風趕流行或選擇把票投給「大家都覺得他會贏」的候選人，都是一樣的道理。

「大家都這麼做」，快速讓不合群的人閉嘴

人們特別容易被同儕力量制約。舉例來說，大家一起約定好做某件事，但中途卻有人改變心意，此時若對他說：「這是大家一起決定好的，對吧？事到如今你還想怎麼做！」，就可以遏止他的念頭。又比如小孩在跟父母討玩具時，會說：「大家都有，也買給我嘛，全班只有我沒有。」他在話中暗示自己有被同學排擠的可能，以此來威脅大人買玩具給他。

「大家都已經在會議室就座了」當同事這麼催促你的時候，你便急忙跑向會議室。

「您是否在煩惱要選A商品還是B商品呢？A商品比較受歡迎喔！」你聽到這句話之後，就會選擇A商品。

「A公司、B公司和C公司的人都使用本公司設計的會計軟體。」當業務如此大力推薦時，你會開始想「那我們公司也必須跟進啊」。

當你看到書腰文案寫著「銷售突破十萬本！」，不禁心想「大家都在讀這本書呢」，接著就自然地拿起書來看，「我也來讀一下好了。」

「那些常常來我們公司拜訪的業務，都說你是我們家最可愛的員工耶」，當你聽到有人這麼說，會覺得非常開心。

「你們是因為公司不給加班費，所以想離開這黑心企業嗎？你們真是太不知人間疾苦了，現在日本這個社會幾乎是黑心企業當道，不管你們去哪裡都是一樣的。」當你聽到公司同

事這番慰留，便開始猶豫是否要打消轉職的念頭。

據說大部分的日本人都有從眾的傾向，或許是受到農耕社會所留下的傳統「村八分」（譯註：在日本的江戶時代，對於破壞村莊內規矩和秩序的村民，實施的一種消極制裁行為）的影響，人們會對於做出不合群的事感到恐懼。**只有大家都往同一個方向前進，才能讓人安心。**就像交通號誌的紅燈亮起時，大家一起過馬路的話就不可怕了。讓對方時時感受到這種同儕力量，便能擊破他的個人意圖。

4 用NLP提問法瓦解刻板印象

斷章取義容易造成誤會

「神經語言程式學」（簡稱NLP，Neuro Linguistic Programming）是一種解決溝通問題的方法，融合了實踐心理學與語言學，是一項嶄新的人際關係觀察研究法。我們遇到困難而不知所措時，通常會為自己找一個出奇簡單的答案，例如「原來問題點就在〇〇啊」。但是，這僅僅是自己片面的斷定而已，NLP將之稱為「名詞化」。

其實，當一個人習慣把問題片面歸咎於「原因是〇〇」、「問題在於〇〇」時，表示他忽略了實際情形會有的「誰對誰用什麼方式、做哪些事」等動詞因素。這正是過於簡化事實、扭曲真相所造成的一般化結果。

這種片面的判斷常常使人看不清問題的本質，此時我們必須透過詢問一些更詳細的問題，比如「為什麼會這麼想？」、「為什麼是這樣思考呢？」、「什麼時候開始有這種想法的？」，讓對方就個別事項來整理並思考，以避免這種片面斷定的情形再次發生。

開放式提問，可減少刻板印象

我們通常認為透過語言就能達到溝通效果，實際上，透過語言所能傳達的事少之又少。**現實生活中，很多時候都是透過表情、動作或態度等方式，達到溝通的目的。**所以光靠語言來理解對方價值觀的話，非常容易產生誤解。

例如，我們聽到別人談論「這件事講來講去就是錢的問題」時，總會猜測這件事是某人資金不足的原因，但事實或許並非如此，也有可能是當事人用錢方式所造成的問題。

這種被斷章取義的文字很容易產生上述的問題，並造成誤解。所以謹慎詢問對方「你為什麼會這麼想呢」、「為什麼是這樣」，同時深入了解對方的價值觀，是相當重要的事。如此一來，對方便會察覺到，自己一直以來的觀念其實是錯誤且先入為主的刻板印象。瓦解對方的刻板印象，重視問題本質並且以正確的方式尋求解答，才是開拓視野的正確途徑。

問問題有兩種方式，一種是開放式提問，另一種則是封閉式提問。開放式提問不拘答案的形式，可以開放自由地回答，例如你問對方「你假日都做些什麼」，對方可以天馬行空地想像並作答。

而封閉式提問則是限定答案的範圍，比如「你喜歡蘋果嗎」，表示你希望對方回答「喜歡」或「不喜歡」，問「蘋果跟香蕉，你喜歡哪一個」，則希望對方能從中擇一作答。

日常生活中的會話，多是由開放式提問與封閉式提問組合而成，然而**在NLP中，想要鬆動對方刻板印象的話，盡可能使用開放式提問比較適當**。若是問了太多封閉式問題，氣氛會變得像是警察質詢嫌犯般僵硬。

多問「為什麼」，重新掌握主導權

與對方爭辯時，不斷針對對方的意見來提問，對拿回談話主導權非常有效，比如「為什麼你會這樣想？」、「為什麼呢？」。藉由提問鬆動對方的刻板印象，同時給自己一個喘息的空間，因為人們被問問題時，會自然產生必須做出回答的反應。

當人們提出了意見，又被冷不防地反問「為什麼」的時候，會很明顯地答不上話，這是因為他們要先清出腦袋中的空間，才能好好整理思緒再回答。當對方好不容易擠出一個答案後，你再接著提問：「這件事為什麼會演變成這種情況呢？究竟是什麼原因？」此時對方勢必要再次思考以便回答。

原本主導權掌握在開啟話題的對方手上，但情勢不知不覺間逆轉了過來，你巧妙地將主導權轉移回自己手上了。**開會也是一樣，當你提越多問題，就越能了解對方的價值觀，也能逐漸抓住談話的主導權。**

就像刑事法庭上，檢察官與律師為了了解整起事件的核心，對被告進行提問。若能藉由反覆且巧妙的提問，引導出讓被告瓦解刻板印象的回答，提問方就勝券在握了。

只要配合對手的步調，仔細聆聽他的談話，在適當時機提出「為什麼」、「怎麼說」等問題，並打破對方的刻板印象，相信要把對方的思考模式轉移到與我方同一個頻率上，就不再是一件難事了。

5 用超乎常理的話增加說服力

讓對方心癢癢，想知道後續

在正常情況下，我們聽到與一般認知相違背的事，一定都會大吃一驚。

※「學校才不是學習的地方呢！」
※「一步一腳印的工作態度是無法飛黃騰達的！」
※「你這輩子想致富的話，就去借一大筆錢吧！」

這種超乎常理的建議，會讓眾人內心驚呼連連：「為什麼？」、「怎麼說？」，不僅瞬間吸引所有人的注意，大家的腦海裡還會浮現好多問號，陷入「認知失調」的狀態。

認知失調讓人不舒服，所以人們會想趕快知道對方講這些話的想法，使認知調整回正常狀態。讓我們接著來看以下的對話，這些理由巧妙地令人感到信服。

※「學校不是學習的地方，而是培養思考能力的地方。」

※「工作不是單靠一步一腳印地做，能夠掌握處理各種事務的要領，才是飛黃騰達的關鍵所在。」

※「這輩子若想致富，就必須利用舉債投資的財務槓桿原理，竭盡全力讓投資發揮最大功效，否則你會永遠窮困。」

你是不是也覺得這些話很有道理？這種之後揭曉謎底的敘述方式，讓原本相當普通的句子變得相當不一樣。我們再比較以下這幾句。

※「學校是培養思考能力的地方。」

※「跟那些認真工作的人比較起來，能掌握訣竅並靈活運用的人，才會飛黃騰達。」
※「除非你舉債投資並讓財務槓桿奏效，否則你沒辦法致富。」

若是從一開始就用這種老套的說法，根本無法讓人產生共鳴，不是嗎？

用「認知失調法」對付不願調職的員工

主管：「恭喜你啊山田，公司決定調派你到子公司。」
員工：「有什麼好恭喜的？被調出去很有可能回不來了！」
主管：「什麼，難道你認為這是長期轉調？」
員工：「是這樣沒錯啊，您不喜歡我，想把我踢開對吧？」
主管：「你真傻，轉調又不是裁員，這是幹部養成計畫的一環。公司為了培養未來的儲備幹部，所以轉調這些選出來的菁英職員，我可是極力推薦你呢！」
員工：「什麼是幹部養成計畫？」

主管：「你不知道啊？這是新任社長提出的計畫。」
員工：「原來有這麼一件事，這是真的嗎？」
主管：「是真的。我差一點就要被你怨恨了，對吧？」
員工：「真是不好意思，非常感謝您的推薦。」
主管：「你要努力表現喔，我期待你成為一個獨當一面的幹部再回來！」

有時候，說謊也是利用認知失調來達到所需效果的方式。若直接告知員工轉調的事，並且希望對方能理解「轉調是裁員的一種方式」，一定會遭到怨恨。所以不如把話反著說，意外地有說服力，不僅可以安撫情緒不安的員工，讓他們停止抱怨與碎念，還能讓他們接受轉調的事實。運用員工的擔憂，不費吹灰之力地說服對方，這樣的溝通才具意義。

當人們長久以來認知的常識或習慣，與其他事物產生矛盾，便會因為認知沒有平衡而感到不舒服。比如「抽菸有害健康」的概念在今日已普遍達成共識，抽菸者若能成功戒菸，則表示認同這個概念而達到認知平衡。但如果明知「抽菸有害卻還是要抽」，兩個概念衝擊下產生認知失調，導致抽菸者覺得不舒服，最後還是無法成功戒菸。

此時抽菸者除了改變自己的認知，別無他法。他們原本的想法諸如：「有很多老菸槍都很長壽」、「抽菸對我有好處，因為我能夠得到心靈安定，遠遠大於損害健康這個壞處」。**認知失調會讓人感覺不舒服，所以抽菸者通常會有強烈的衝動想要趕快解決這件事。**

比如說，有本書叫做《不讓醫生殺死你的四十七個技巧》，我們看了書名後會突然產生「醫生為什麼會殺我們」的認知失調，於是會下意識拿起來翻閱，想了解裡面到底在說些什麼。這就是典型的認知失調現象，身體會不由自主地動起來，想要趕快回復平衡狀態。

6 用「數字」操控印象的暗黑密技

約會遲到時這麼說，對方就不會大發雷霆

人們各自有一套思考模式，即使遇到同樣的事物或狀況，處理方式也會因人而異。比如說，主管與員工相約而員工遲到了，有的主管會認為「這傢伙竟敢讓我這個主管在這邊乾等他五分鐘」，也有主管會認為「他今天處理了好幾個客訴案件，可能真的很難準時趕到吧」。

等待的那一方心情會焦躁的原因，在於從等待過程中感受到強烈的「從屬心理」，所以感覺不舒服。然而，要是他們能在事前得知消息，就會依當下狀況而改變想法。所以當你預計會遲到大約五分鐘時，應該先行聯絡對方，「非常抱歉，因為發生一些事情耽擱了，我大概會晚個十五分鐘到」。

告知對方「晚到十五分鐘」後，大約過五分鐘左右，你就來到約定地點，此時對方會因為看見你努力趕來而滿足自尊需求，不舒服的感覺也跟著減輕許多。換句話說，靈活運用數字來改變對方的思考模式，效果立竿見影。

換個數字報告業績，主管更開心

再來看其他例子。假設一名業務想要報告好業績，用「本期獲利比上期增加了兩倍」的說法，會比「上期獲利一％，本期為三％」更讓人印象深刻。專案人員報告專案進度時，說「成功機率高達九十％以上」也會比「失敗機率低於十％以下」更讓人放心。

在日本，管理農林漁牧業的農林水產省為了管理單位收益，設立了「熱量基數指標」，並且對外表示：「日本的糧食自給率僅三十九％，為已開發國家中最低者，是糧食安全的重大危機！」然而此舉受到了各方批評。

之後，日本政府改以國際普遍使用的「產值基數」來換算，最後得到「二〇一五年度，日本的糧食自給率為六十六％」的結果，此數據僅次於中國、美國、印度、巴西，顯示日本是世界第五名的農業大國。換成這種做法高明多了。

只要巧妙操作心理學中的「框架效應」（Framing Effect），政府要改變民眾的看法並不是件難事。

看起來客觀無偏頗的數字，常常能誘使人們做出錯誤決定，而且**只要改變不同單位或測量物，就能很輕易地製造不一樣的印象**。讓我們來看以下幾個著名的例子，前者是廣告用語，後者是實際情況。

※「添加牛磺酸一千毫克」↓「添加牛磺酸一克」

※「只限今日，你消費我買單，每五十人中有一人可獨得」↓「中獎機率二％（一百人中有二人）」

※「內含十顆生菜的膳食纖維」↓「裡面有三・二克的膳食纖維（生菜是膳食纖維特別少的蔬菜）」

※「五十顆檸檬的維他命C」↓「含有一克的維他命C（以一顆檸檬二十毫克乘以五十顆計算）」

※「三萬元的淨水器，三年分期付款，平均一天只要二十八元，就可以買到一生的健康」

※「使用者突破一百萬人」→「使用者占日本總人口一億二千六百九十萬的〇・八％（約一百三十人中有一人）」

※「新年開運樂透彩中，百萬元獎項有五千個中獎機會」→「中獎機率低於十萬分之一」

數字陷阱如何弱化我們的腦波？

此外，我們在服飾賣場常見到「兩件一千」、「第二件半價」等廣告，看起來買兩件似乎比買一件還要划算，但實際上真的是這樣嗎？A賣場正進行跳樓大拍賣活動，西裝一套賣九千八百元；B賣場雖然一套西裝要價一萬六千元，但「第二套一千元」，買兩套的話，平均一套是八千五百元。對消費者來說，在B店買兩套的話，每套可省一千三百元。

我們假設兩套衣服的進貨成本都是三千元，來比較看看。A賣場的毛利額是定價九千八百元減去進貨成本三千元，等於六千八百元。B賣場的毛利額是定價一萬七千元減去進貨成本六千元，等於一萬一千元。

由此我們可以得知，不論是對消費者或賣場來說，西裝賣出兩套都比一套來得划算。因為販賣西裝需要花費諸多成本，即使只賣出一件，店員也必須細心為顧客量身及修改，相當花費時間與精力，所以一次多賣出幾件，利潤會比較高。

同時賣出兩套的話，對公司來說，就不需要負擔多餘的人事成本，用一套的成本即可解決。而對消費者來說，一次購買兩套很划算，是相當超值的交易。請記住，買賣衣服也是一場精心設計的數字遊戲。

7 奪回主導權，談判無往不利

從「委託人」變成「被委託人」

在談判桌上，被委託人比起委託人來得更有優勢。以委託人的立場來看，他們常常需要請求對方，「麻煩幫幫我吧，萬事拜託了」；被委託人則有可能拒絕請求，告訴對方：「不，我不行。你饒了我吧。」但是，若稍微運用一下攻守交替的技巧，便有可能逆轉情勢，關鍵點是引導對方提出「新的條件」。

店員：「您好，想要買冰箱嗎？這裡是我們的最新產品。」
顧客：「可是好貴啊，上網買比較便宜，可以打個折嗎？拜託！」

店員：「不好意思，因為是最新產品，要打折可能有困難，不過我們可以幫您集點喔。」
顧客：「集點嗎，可以幫我多加多少點數？」
店員：「原本有三點，可以再幫您多加兩點一共五點，您覺得如何？」
顧客：「才五點啊？拜託可以幫我加個十點嗎？這樣我就買了。」
店員：「可能沒辦法，上網買也沒有這麼多點數啊，很抱歉。」
顧客：「這樣啊，那我不買了，上網買說不定運費還比較便宜。」
店員：「不好意思，那我給您多加三點共六點，您覺得怎麼樣呢？」
顧客：「還是不太夠耶。」
店員：「那麼再給您多一點，七點！這樣可以嗎，請您再考慮一下。」
顧客：「嗯……七點嗎？好難決定啊……」
店員：「麻煩您了，價格已經非常優惠，不能再給更多折扣了。」

原本是委託人的顧客，不知不覺間變成了被委託人。而與之交涉的店員，為了能順利成交，到最後也會選擇將真心話全盤托出。像這樣順利引出對方真心話，才是決定勝負的關鍵所在。而顧客在得知新的條件後，讓店員知道自己確實要買的決心，也是相當重要的一點。

談判的重點，在於找出彼此都能妥協的那條線。若雙方無法妥協，談判便會破裂。碰到這種情況，就可以運用上述技巧，即從委託人轉移至被委託人的身分。

順利取得大筆訂單，就靠「全盤推翻法」

以下要介紹的則是，大筆交易中最後關鍵時刻所使用的「全盤推翻法」。

業務：「不好意思，您說明天簽約有困難，是發生什麼事了呢？」
廠長：「昨天有張一百五十萬元的支票被跳票了……」
業務：「什麼！怎麼會這樣？」
廠長：「原本要跟貴公司購買新設備的七百五十六萬元合約，我們可能沒辦法簽了。」
業務：「哪裡的話，正是這種時候，才需要新型機器來幫您賺錢啊。」
廠長：「但是一百五十萬可不是個小數目啊！」
業務：「話這麼說沒錯，但都走到這一步了，您打算一筆勾銷嗎？」

廠長：「我也束手無策了，對我們工廠來說，一百五十萬是能不能繼續經營下去的關鍵。」

業務：「快別這麼說，好不容易銀行借款也通過了，再看看還有沒有其他辦法……」

廠長：「貴公司的機器不便宜，消費稅也無法降低……」

業務：「這次我們特別在消費稅部分給您優惠，您覺得如何？」

廠長：「都這個時候了，講那個也沒用，因為支票被跳票，資金也沒辦法一下子快速周轉過來。」

業務：「若給您消費稅五十六萬元的折扣，您一百五十萬的損失可以減少到九十四萬喔。」

廠長：「是這樣沒錯，那這次設備費用可以算我七百萬元就好嗎？」

業務：「哪兒的話，我們也是做好覺悟，一定要幫您。」

廠長：「既然你都這麼說了，那我們就簽約吧。」

業務：「好的，非常謝謝您。」

類似這種大型機具設備或不動產買賣等高額交易，往往需要花很長的時間，才能取得雙方同意並成功簽約。人們在耗費大量時間與精力後，為了不想浪費之前的努力，也為了不要讓這些努力成為「沉沒成本」（Sunk Cost），就容易產生「想順利完成簽約」的想法，**於是開始執著於達成協議這件事，好平衡已經花費的成本**，這就是所謂的「沉沒成本謬誤」（Sunk Cost Fallacy）。

就剛剛這件交易而言，如果廠長在最後關頭才提出「我不買了」，很可能惹怒對方業務，所以廠長讓業務了解原委是很重要的，表達自己因為不可抗力之因素（如支票被跳票）才做此決定，同時得到對方同情。到最後，業務反而變成了委託人的角色，願意做出讓步而達成協議。

8 套出不為人知的祕密

詢問隱私，請用「舉例來說」

在對話過程中，如果想要和對方有更深一層的談話，可以使用很方便的「假設性談話」來切題，像是「舉例來說」、「假如……的話」等。人們很容易因此陷入錯覺，**把現在正在談論的內容，當作是在說別件事，同時不小心吐露自己的真心話。**

比方說，我們要問對方薪水或交往情況，面對這種比較私人的問題，就可以試著用這招切入主題。

A：「聽說你公司的待遇不錯，舉例來說的話，四十歲左右的員工年收入大概有一千萬日圓以上吧？」

B：「公司以前的確有這樣的水準，但是現在只有少數五十歲以上的員工有這樣的薪水。而且如果不是董事會成員的話，是不可能有這種水準的。」

A：「原來如此，果然每家公司的做法都不一樣。這麼說來，假設啦，現在這個年頭如果三十歲就能有五百萬日圓，一定超開心的吧？」

B：「嗯……該怎麼說，雖然我現在四十歲，但我是在三十七歲左右才終於突破了五百萬日圓。」

A：「我只是假設啦，像你這麼可愛又受歡迎的女生，應該交過五、六位男朋友吧？」

B：「還好吧，差不多啦。」

A：「一般來說，像你這種類型就算交超過十人也不過分吧？」

B：「是這樣嗎？我現在二十五歲，大家應該都差不多吧……」

同樣地，想要在同業對手身上打聽業務小祕訣時，也可以透過這種問話方式輕鬆得知。

A：「能得到A公司的訂單，你該不會是平常勤於聯繫或有什麼特殊關係吧？」
B：「嗯，可以這麼說。就算他們沒有下訂單，我還是會每週固定送一次資料過去。」

用「不準確的預測」問出機密

用「不準確的預測」小技巧，能讓對方吐露真心話。

A：「貴公司每個月都要加班七十小時以上，是不是黑心企業啊？」
B：「我們公司薪水比較低，全體員工都會上下一心、一起加班，公司也一定會發加班費，不是黑心企業啦！有時候，我們白天會稍微偷個閒、休息一下。」

A：「貴公司的這項產品，內部零件全部都是便宜的中國製產品對吧？再算我們便宜一點吧！」
B：「我們公司產品是台灣製造的，而且零件成本就占了三十％，是高級品喔！」

A：「我聽到了一些傳聞，你的眼睛、鼻子、嘴巴……都有去整形？」
B：「到底是誰亂說的？我只有打一些玻尿酸而已！」

提出「不準確的預測」或「錯誤情報」，會讓人不由自主地想要更正——正因為激發出了對方的使命感，就能輕易讓對方不經意吐露內心的真心話與不為人知的祕密，對於個性認真與誠實的人，尤其能達到效果。

「這個祕密我只跟你說」

另外一種讓對方吐露真心話的方式，是自己先說真心話。這種自我揭露方式，是要在開啟話題之前特別講給對方聽。先告訴對方，這些關於你的小祕密「只能在這邊說」，而對方基於「互惠原則」的心理，也會很自然地切入話題核心，吐露真心話。

男：「我雖然說自己單身，但是老實說，我離過兩次婚了。」
女：「真的嗎？其實我也離過一次婚，而且還有小孩呢。」

A：「這東西雖然號稱是新產品，但內容物跟舊款相比，其實沒有太大變化。」

B：「真的嗎？原來是這樣。那我也跟你說個小祕密，我們家的○○機型也是這樣。」

其他像是歪著頭詢問：「你是說真的嗎」、「這樣好奇怪喔」，像這樣就對方的話提出質疑，在很多時候，對方一不小心就會跟你說實話了。因為人們一旦遭到他人否定或懷疑時，心裡總會不舒坦，會拚命找出證據佐證自己是正確的，也因此容易講一些多餘的話。想要動搖對方的心，不妨試試看這麼說：「這番話，我怎麼聽都沒辦法認同啊……」，不失為一個探尋對方真實心意的好方法。

9 把負面詞轉為正面詞來操控人心

酸葡萄心理也是一種轉念

人生不如意事十有八九。

※明明我們就快要成功和對方簽約，最後卻破局了。
※我跟這個女朋友非常合得來，原本以為兩人可以長久，沒想到卻被她甩了。
※我以為可以升官，結果卻被同事捷足先登了。

這樣的事件一再發生，任誰都會心情沮喪，也很難再給自己肯定。碰到人生這麼多不合理的事，有時候人也是會喪失幹勁的。此時，想要重新振作最有效的方法，就是盡速脫離悲傷的心境，別無他法。

當你遇到不如意的事而沮喪時，不如換個角度思考，例如將想法轉變為「這個結果其實也很不錯」。當你改變了認知，也會看見從前看不見的事物。

※即使這次成功簽約，但我們公司不擅長後續維修服務，如果一個沒弄好讓公司賠錢，說不定反而會有人抱怨：「當初到底是誰簽下這合約的？」那就糟了。

※反正那個女生說來說去也沒有想要結婚的打算，趁早分手是比較好的選擇。

※同事這次升遷後變得更得意忘形了，還引起其他人的反感，這樣也不是很好啊。

伊索寓言中有一則〈狐狸與葡萄〉的故事。狐狸想摘樹上的葡萄，但怎麼樣都摘不到，怨恨地說：「那串葡萄一定是酸的，肯定不好吃。」狐狸的酸葡萄心理與上述的改變認知有著異曲同工之妙，這的確是非常有效的轉念方法。下次碰到任何困難時，可以試著用「這樣子更好」的角度來逆向思考，這是相當有效的修復法。

越重要的事，放在越後面才說

與外國人相比，日本人多半給人謙虛、誠實、親切、老實的印象。在這種謙讓的美德下，我們總是相信真摯的道歉後，雙方的恩怨情仇能一筆勾銷。因為懷著這樣的精神，所以即使是自己的缺點，也會想要大方地告訴對方，進而流露出真性情。

然而，這種精神很明顯是不利於談判桌的。

※儘管我們公司在技術能力方面，頗受業界好評，但到底是小規模的公司，有很多地方無法達到盡善盡美，還請您不吝指教。

※他個性溫和，具備豐富知識與經驗，也充滿冒險精神，是相當完美的人選。不過他學歷只有普通私立大學畢業，可能不出色，但我認為他具備的其他條件已充分滿足這次的晉升標準。

如上所述，這種不論好的壞的都老實告訴對方，就是「兩面陳述」（Two-Sided Presentation）的技巧。表裡如一的態度雖然誠實，但當你在運用兩面陳述的技巧時，請先提出缺點，優點則放到後面再說，**因為人們對於後來出現的事物，會留下更深刻的印象**。一旦顛倒過來，反而造成人們不好的印象。

我們把剛剛的例子改變一下順序。

※我們公司雖然規模較小，但是在技術能力方面享有良好聲譽，此外也有完整的售後服務，還請您多多指教。

※他的學歷是普通私立大學畢業，但是他擁有豐富的知識、經驗與冒險精神，是不可多得的人才。我認為他的條件已充分滿足這次的晉升標準。

順序一變，印象也跟著改變。心理學稱這種現象為「序列位置效應」（Serial Position Effect）。例如「她雖然長得漂亮，但個性倔強」這句話，會給人不好的印象，但若改成「她雖然個性倔強，但長得很漂亮」，就變成好印象了。只要能精心掌握說話的順序，待人處事也可以變得更圓滑。

★ 心理技巧2

瞬間逆轉形勢的「對話祕訣」

當對方提出問題時，我們通常會反射性地想要回答，一旦答不出來就會產生焦慮，因為不回覆會顯得很失禮。

所以當你覺得對方有點小看你的時候，可以抓住這個好時機，提出一個又一個疑問來攻陷對方。這麼做可以逆轉雙方的攻守形勢，若是對方覺得你提出的問題有點麻煩、難以招架，不知該回答什麼的話，反而會更加焦躁不安。這些問題的形式可以是5W1H，即何人（Who）、何事（What）、何時（When）、何地（Where）、為何（Why）以及如何（How）。

「那是什麼時候開始的？」

「與其他公司相比的優勢在哪裡？」

「誰要擔任總負責人？」

「是什麼原因造成的？」

「為什麼是這個問題？」

「有什麼改善方式？」

人們越想要正確快速地回答，越會被逼到絕境，此時你就能重新掌握主導權。

第3章

有求必應的極機密心理技巧

1

右腦型vs.左腦型，輕鬆選擇溝通模式

簡報放圖片還是數字？看你要說服的人是哪一型

當一個人手掌交疊、手指互握，有人會將左手大拇指放在最上方，有人則是右手大拇指，據說我們可以透過這個方法，了解這個人的感性程度。

A：「B先生，我知道有一個三秒鐘就能完成的有趣小實驗，你可以跟我一起做嗎？請像這樣把雙手手掌交疊在一起。啊，你是左手大拇指放在最上面，B先生你是個直覺敏銳的人吧，遇到要做選擇時，會特別重視當下的感覺？」

B：「嗯，是這樣沒錯。」

若對方把右手大拇指在最上面，也可以做以下判斷。

A：「啊，你是把右手大拇指放在最上面呢。B先生你要做選擇的時候，特別重視邏輯思考與合理性，不然你就不會輕易贊同，對吧？」

B：「嗯，是這樣沒錯……你怎麼會知道呢？」

美國心理學家瓦特・索雷爾（Walter Sorell）在著作《手的故事》（*Story of the Human Hand*）中提到，把左手大拇指放在最上方的人，屬於右腦型人物，具有直覺思考、感性、天馬行空等特性。把右手大拇指放在最上方的人，則屬於左腦型人物，具有邏輯思考、理性、現實等特性。

人的大腦分別掌管身體左右兩側，使身體正常運行，左腦控制右半邊身體，右腦則相反，我們可以從哪一隻手的大拇指採取主動及其如何交疊來分辨。左腦掌管邏輯思考、右腦掌管感性思維，我們可依此判斷一個人屬於哪種類型。

換句話說，**想要說服右腦型的人，可以使用能觸及整體印象、摻雜情感的感性話題，或**

使用圖片等刺激視覺的資訊，比較能打動對方。**想說服左腦型的人，加強表格、圖表或數字佐證等具有邏輯性的說明**，更容易被對方所接受。

三秒看出對方的思考習慣

不論是左腦型或右腦型人物，大家或多或少都符合這種傾向，因此在知道對方的類型之後再來進行談判，會有很高的機會能夠說服對方。其他如雙臂交叉的測試，也是同樣的道理。請對方雙臂交叉抱胸，不會花上太多時間，又可以觀察對方是何種性格。當兩臂交叉於胸前時，可以藉由右手腕或左手腕在上，來判別對方屬於「左腦型」或「右腦型」。

那麼，如果有的人在手指交疊與手臂交叉時，出現不一致的結果，我們又該如何判斷呢？**一般認為，雙手的手指交疊方式與掌管接收思想的枕葉密切相關，而手臂交叉方式則與掌管輸出思想的額葉相關，這也反映了每個人不同的思考習慣**。

因此，想要說服對方時，可以觀察他的手指交疊方式，分辨他是何種類型；想要得到對方的答案時，就改成觀察他的手臂交叉方式。以下將結果分類如下，括號中第一個是依手指交疊方式區隔的類型，第二個是依手臂交叉方式區隔的類型。

※右右型（右腦 × 右腦）：直覺式思考、開朗樂天、自律、自戀、自尊心強、衝動購物型、藝術愛好者、散漫、乖僻、應聲蟲

※右左型（右腦 × 左腦）：直覺思考邏輯性處理、情緒化、有個性、不服輸、具獨創性、自尊心強、衝動購物型、喜愛流行藝術、懶散

※左左型（左腦 × 左腦）：分析思考型、邏輯優先型、謹慎、認真、努力、具批判性、一致性、重視職涯規畫、理性、心思縝密、重視合理性、數字能力強、保守

※左右型（左腦 × 右腦）：邏輯思考直覺式處理、不拘小節、健談、社交型、自由思考、具靈活性、發明家、虎頭蛇尾、喜愛遊戲

「右右型」多是不拘小節、個性大剌剌的人；「右左型」具備出色的觀察力、內心樸實、手腕靈活；「左左型」多為忍耐性強、善於從事精密工作的人；「左右型」則多為充滿獨創點子、善於社交的人。

用這個方法測試你自己與周遭的朋友，你一定會對準確度很高的結果大吃一驚。

2 循序漸進地拜託，達到最終目的

使用「得寸進尺法」，讓對方每次都說好

如果只是一點小事情要拜託別人幫忙，通常大家都會接受，畢竟要一個個拒絕也很麻煩。「我的紅筆沒水了，不好意思可以跟你借用一下嗎？」、「不好意思在百忙之中打擾您，這份文件麻煩您用印。」若對方答應的話，便可以乘勝追擊，繼續請求對方。「不好意思，可以再跟你拿一些釘書針嗎？」、「這份報告可以也請您快速瀏覽一下嗎？」

大部分的情況下，你都會得到「好」的答案。**這是因為人們有繼續做同一件事的習慣，只要說了一次「好」，便會接著繼續說「好」。相反地，只要說了「不」，也會習慣持續說「不」**，心理學稱此為「一致性理論」（Consistency Theory）。

因此，當有事拜託別人幫忙時，先把請求「最小化」，成功取得第一次的「好」。從小事開始拜託別人，再逐漸延伸到大事，只要循序漸進地請求，對方最後很有可能全部都願意幫忙，這稱為「得寸進尺策略」（Foot-In-The-Door Technique）。

A：「B先生不好意思，可以請你幫我搬這個櫃子嗎？」
B：「好啊。還滿重的耶。」
A：「謝謝，你真是幫了大忙了。不好意思，地板上有灰塵，可以也順便清理一下嗎？」
B：「啊，好的，我來幫忙，我去拿掃把。」
A：「謝謝，有你幫忙果然很快就清理乾淨了。最後想用抹布再擦一次，可以再麻煩你一下嗎？」
B：「咦？還要用抹布啊？好吧，做都做了，一起幫你弄吧。」
A：「哎呀，真是抱歉，但託你的福，真的幫了我一個大忙！」

「一致性理論」中的「得寸進尺策略」，是一種讓對方接受請求且不會拒絕的心理技巧，因為採取一步步、漸進式提高要求的方式，而有「得寸進尺」之稱。

當人們被拜託幫忙一件簡單的事情時，總是很容易就答應對方，但如果對方一開始就打算使用這一招，你被拜託的事將會越來越多。當你被所託之事壓得喘不過氣時，不妨舉白旗投降說：「不了，我就幫到這，沒辦法再幫你了。」這也未嘗不是一件好事。

利用「不好意思拒絕太多次」的心理

另一個讓對方不會拒絕的心理技巧，是廣為人知的「以退為進策略」（Door-In-The-Face Technique）。**這是故意用一個大的障眼法請求對方，讓對方一開始先拒絕這項請託**，之後提出請求者再表現出因為被拒絕而沮喪的模樣，讓對方產生罪惡感。這項技巧的重點在於，被拒絕之後才是勝負關鍵。

A：「這次新產品大獲好評，可以先進貨一百盒嗎？」
B：「一百盒？這不可能啦，根本沒有空間放，不行的啦。」
A：「真的嗎，不行啊……我還很期待的說。」

B：「你預估太多量了，倉庫沒有空間，店內擺放位置也很有限。」
A：「真抱歉。那麼，可以至少放五十個看看好嗎？」
B：「嗯，五十個也有點多。不過，我來試試看好了……」
A：「謝謝你。真的幫了我一個大忙！」

如果從一開始，就告知對方自己真正希望的五十盒，很有可能會被對方拒絕；但如果改成要求一百盒，這數字比起五十盒多太多了，就會讓對方大吃一驚，因為這實在是太過龐大的要求。

由於被拒絕乃意料中之事，此時A立刻表示讓步，提出五十盒，也就是減少成一半的要求，並再次拜託B。而由於A退讓了一步，導致B不自覺地認為自己也必須讓步，此時「互惠原則」的心理戰術奏效，讓B同意A的請求，流程就是這樣。

希望對方可以達到自己真正的要求、不讓對方有說「不」的機會，記得掌握以退為進的策略來拜託對方，就有很大的成功機率。

3 讓對方接受各種請求的技巧

加上一句「順便」，讓人順勢點頭

人們通常樂意幫忙一些小事情，但如果連這種「小事」都拒絕的話，反而會給自己帶來壓力。另外，還有如下的原因。

※ 我不想因為拒絕對方而留下壞印象。
※ 我對他親切，或許也能得到一些回報。

毫無疑問地，人們面對請求時，多少會抱持這樣的心態，所以即使是討厭的人來拜託，再小的事情也都能迅速接受。只要能夠讓對方接受一開始的這點小事，人們會由於「一致性理論」的習慣，對於接下來的要求，也會容易說出「好」（得寸進尺策略）。

有一個方法與此非常相似，也是眾所周知的技巧，**首先撒下美味的誘餌，在魚兒上鉤時，讓他一併吞下稍微棘手的真正要求**。如同棒球比賽中，一開始先投出比較好接受的球路，再來才是難對付的球路，因此也稱為「低飛球策略」（Low-Ball Technique）。

※「啤酒暢飲一杯一百日圓」。居酒屋推出了相當誘人的活動，同時也提供高單價的沙瓦飲品（一杯四百五十日圓），用來打平所有消費者的總成本（一杯大杯生啤酒原價約九十日圓，沙瓦類原價低於三十日圓）。

※「今天可以麻煩你加班一下嗎？只要三十分鐘就好。」主管對正要回家的員工提出加班要求，但這項工作不可能只在三十分鐘內結束，至少也要一到兩個小時。

※「今天晚餐我請客，可以順便陪我去買個東西嗎？」朋友對你提出這項要求，但實際上

對方除了買東西之外，也想要請你一起幫忙提重物。

房仲、酒店小姐愛用的心理技巧

在這個社會上，也有人使用更誇張的手段。

A：「我正在考慮賣車，你有興趣的話，要不要買我這台？」
B：「那台四輪傳動的車要賣我嗎？如果價格便宜的話，我很樂意買下來。」
A：「用二手車行實際估價的價格來賣你怎麼樣？很划算吧？」
B：「真的嗎？如果是二手車行的購入價格肯定便宜，我一定會買！」

一切都按照A的計畫進行：帶B到認識的二手車行，告知事前與車行協調好的較高估價，順利讓B買單。即使B覺得價格有點昂貴，但先前已經說出會以二手車行的估價買下，也就很難再反悔說「我還是不要買了」。

酒店小姐：「今晚您若能留到最後，我們再一起去別的地方，我會很開心喔。」
客　人：「到打烊還有兩個小時，我差不多也要去趕最後一班電車了。」
酒店小姐：「明天週六不用上班吧？我一直希望能夠兩人邊看美麗夜景邊小酌一杯。」
客　人：「看美麗夜景嗎……好吧，我就留下來吧，真拿你沒辦法，哈哈。」
酒店小姐：「好開心！謝謝。我最喜歡你了！」

酒店小姐主動提出打烊後再去其他地方，讓客人充滿期待感。雖然客人也會妄想之後的發展，但酒店小姐只是單純想要增加業績，以達到每月的營業額。可以預想接下來的狀況應該是雙方看完夜景後，因為遇到一些因素，最後無法有進一步的發展。

房仲：「今天剛出現一個具備絕佳條件的屋子，靠近車站、租金便宜、採光佳、第一個月免租金。先搶先贏，您現在就把它訂下來吧。」
房客：「好，就決定這一間，麻煩您了。」

消費者原本以為找到了好房子，開心地迅速簽約，但入住後才發現，只要一下雨，住處附近的道路就會泥濘不堪，下雨聲打在屋頂上更是擾人清淨。房客驚覺事態嚴重，向房仲公司申訴抱怨，也只得到這種回應：「下雨天嘛，這也是沒辦法的事，再說了，哪裡還能找到條件又好、價格又便宜的屋子啊？」而拒絕後續的客訴處理。

4 讓對方沒機會說NO 滿足自尊，

恭維對方，化解抵抗之心

當一個人受到他人稱讚，自尊需求獲得滿足，自然會相當開心，因為沒有人受到了肯定還感到不舒服。另外，也可以把對方的故鄉當作話題。

主管：「你來自北海道吧？跟我想的一樣，你給人的感覺充滿了來自北方大地的遼闊感，我想如果派你去子公司，應該會有很不錯的成績。」

員工：「咦？我沒有聽說過這件事。」

主管：「嗯，人事部門請我推薦一個有大格局的好人才。」

員工：「啊……突然聽到這消息有點措手不及。」
主管：「很不錯，你果然是堂堂正正男子漢，不愧是被北海道的嚴寒鍛鍊過的人。」
員工：「我其實來自函館，父親是釣魷魚船的師傅。」
主管：「原來是漁夫的兒子，怪不得我覺得你充滿強韌的生命力。」
員工：「啊……那個……」

當人們受到奉承恭維時，反應會像被打了麻醉般地放鬆，感覺自己受到肯定，戰鬥意志也會降低（比較不會反駁或抵抗），會陷入「暫且先這樣吧」的狀態中。而最後的結果也容易成為最終定論，因此當他人吹捧奉承你時，請務必要注意。

女主管：「你工作很出色，也很照顧新進員工，非常可靠。」
男員工：「沒有您說的這麼好啦，都是盡我的本分。」
女主管：「這次多虧有你抓到公司違規的案件，很欣賞你充滿男子氣概，日後也要努力表現喔。」

男員工在女主管極力讚美、讚不絕口的情況下，對公司違規的事自然就睜一隻眼閉一隻眼了。

自視甚高的人，更容易掌握

對於自尊心低的人來說，讚美通常不太有效果。因為他們即使被稱讚，也不會增加自我肯定感，反而可能產生「才沒這種事」的自我否定心理。**若要用稱讚來掌控人心，最有效的對象會是具有高度自尊心的人。**

驕傲自大、認為所有人都在他之下的人，人們是不會想要接近的。雖然他總是渴望其他人的讚美，但現實是誰也不願靠近他。正因為他對於讚美的飢渴，所以要掌控這種人的心特別有效。若有比較麻煩的事情要請求這類型的人幫忙時，不只要稱讚他，還要檢視他的執行能力，搭配評估此事是否可行的論述，效果將會倍增。

在高度自尊心作祟的情況下，一旦這種人覺得自己被看扁了，就算是面對不合理的要求也會答應。對於這種自大性格的人，要時而讚美，時而貶低一下讓他摔個跤。

主管：「恭喜你奪得業績冠軍！有件事想跟你商量一下，我們想請知名企業M公司開一個企業帳戶，以便雙方合作。只是上層還在思考，擔心這項任務可能連你也會覺得困難。」
員工：「不會的，儘管交給我，我一定會全力以赴。」

男A：「像你這樣漂亮的女生一定很受歡迎。我這種人約你吃飯，你應該不會答應吧？」
女B：「說什麼傻話，如果你願意約我的話，我當然很樂意赴約。」

學長：「你雖然外號是『酒國英雄』，但要連乾五杯龍舌蘭也不太可能吧？」
學弟：「才五杯有什麼問題！我們乾了吧！」

同事A：「我知道你多益考八百分，可是要在明天以前交出這份英文翻譯，還是有一點困難吧？」
同事B：「還好啦，這一點不算什麼，交給我吧。」

使用這種將計就計的方式，還有可能挖出令人意外的真心話。

員工：「大家都知道您是出名地疼老婆，應該對辦公室戀情沒什麼興趣吧？」
主管：「才不呢，想當年我年輕的時候也做過許多瘋狂的事！」

5 讓對方說YES的無敵提問技巧

趁對方來不及反應時點頭說好

人們往往不擅長處理突發狀況，當下的反應通常是求生本能（潛意識）下的反射行為，而非理性思考的結果，所以常常會不小心給出肯定的回答。

A：「……就是這樣。啊對了！今晚你要不要一起來打麻將？」
B：「啊？我是沒差啦……（啊，我忘記今晚要跟女友約會了，糟糕）」

對動物的求生本能而言，肯定的回答是最沒有壓力且安全的做法。配合且贊同對方意見，是我們天生厭惡對立的本能，引導我們前往安全之處的做法。因此大多數的人都習慣在遇到突發狀況時，做出肯定的回答。

顧客：「我要一個炸魚漢堡和一個起司漢堡，謝謝。」
店員：「請問您的飲料要咖啡還是可樂呢？」
顧客：「啊……那就可樂好了。」
店員：「好的，請問您需要加點薯條嗎？」
顧客：「嗯，好的……小薯就可以了……」

這是日常生活中相當常見的情形，店員在顧客點餐後，立刻詢問是否需要加點其他品項，這種請顧客「順便多買一點」的提問方式，能夠增加顧客的消費金額。

男：「抱歉！我忘記帶錢包了，可以麻煩你結帳嗎？」
女：「啊……這樣啊？好吧。」

在日本，有些男生在第一次約會時，會因為對方不是他心儀的類型而假裝沒帶錢包，吃完飯後就落跑，女生請多加留心這種人。

提問不是「YES或NO」而是「YES或YES」

不經意地提問或許可以得到肯定的回覆，但如果讓對方從不同選項中挑選，更有可能得到肯定的回答。

A：「你覺得中餐要吃拉麵還是咖哩好呢？」

B：「這個嘛，咖哩好像不錯。」

若是將拉麵和咖哩作為選項，對方一定會從中選出一個，也不會另外多想其他的選擇。當你自己想吃拉麵或咖哩飯的時候，可以用這方式自問，最後一定會得到一個答案。此外，**當人們需要做出選擇時，放在後方的選項較具有心理層面的影響力。**若你希望對方選擇咖哩，就把咖哩放到後面來說，會比較容易被選上，**這就是「新近效應」（Recency Effect）。**

男：「末班車沒有了，只能找住宿了，你要去旅館嗎？還是來我家？」
女：「你家？離這裡近嗎？那就你家吧。」

比起旅館，回家當然是最省錢的選擇，所以男方才會這樣提問。其他像是在居酒屋待到天亮、去網咖或是卡拉ＯＫ店等，只要不提其他選項，對方很自然地會從兩者中選一個。

一開始就只提供兩個選項的提問方式，基本上是不太妥當的，這樣的對話稱為「錯誤的前提暗示」，用假設性情境來包裝，讓問題看起來好像是假設性的問題，其實骨子裡是誘導對方講出自己要的答案。

男：「如果要和我吃飯，你比較想去涉谷還是銀座呢？」
女：「銀座感覺比較好，適合成熟的大人。」
男：「那好，我們就約這週六一起去銀座吧。」

遇到太多選擇時，我們容易思緒混亂無法做決定，此時把範圍縮小到兩個選項，便可以很快整理出一個頭緒。以服飾店為例，店員可以詢問顧客：「先生您比較喜歡藍色系還是紅色系的領帶呢？」之後挑幾件讓顧客選，再問喜歡的圖案樣式、尺寸等，只要把握二選一的原則，就能輕鬆服務顧客了。

6 強調負面因素，說服對方回心轉意

提醒「這麼做好可惜」

當一個人想要放棄已經持續做了好久的事情，該怎麼說服他回心轉意比較好呢？我們可以告訴他，如果他這麼做，他過去投注的時間、精力和金錢都將瞬間化為泡影，藉此動搖他的決心。

學員：「我健身房的課就上到這個月底，以後不參加了。」
教練：「你不來健身房了嗎？太可惜了，這樣你一直以來的努力都成泡影了。」
學員：「我在家也有器材可以自己做運動，想說沒關係，不一定要來健身房。」

教練：「不來的人都是這麼說，但是等他們察覺自己回復原本體型後就後悔了。到最後還是回到健身房，從頭開始練起。為了不要讓自己的金錢和努力都白費，我認為繼續來健身房才是最好的選擇喔。」

學員：「嗯，會嗎？那我還是繼續來好了……」

明明立即退出才符合經濟效益，但「沉沒成本謬誤」使這名學員無法做出這個決定，反而萌生「好可惜」的念頭。同樣的狀況，我們也可以在地方政府的公共建設上看到。只要一開工，這項工程便會開始消耗各種成本，就算未來的計畫生變，也不能說停工就立刻停工。

從前，英國和法國曾共同研發超音速客機「協和號」，從研發階段開始就投入過多資金，後來即使未來飛機順利升空，龐大的支出也無法與收入打平。然而，研發團隊雖然了解這項事實，卻捨不得放棄，選擇持續投入資金進行研發。最後的結果是收支無法平衡，龐大的成本換來一項無法回收成本的失敗工程，因此被稱為「協和效應」。

另一個例子是核電廠。即便難以掌控的核能災害發生了，又沒有完整處置核廢料的方法，人們還是讓核電廠繼續運作，這是因為過去已經花費巨大的資金、勞力、時間等成本在核能發電上，不是簡單說停止就能停止。

人們描繪的未來美好藍圖，往往會讓這種「沉沒成本謬誤」更加一發不可收拾。

※「小腹再縮小個五公分，就是完美的模特兒體型，這樣大家一定很羨慕你！」

※「協和號客機只要能生產兩百五十架以上，便可以真正達到收支平衡，之後就等著賺大錢吧！」

※「核能發電會是未來重要技術之一，我們應該把視野放在對其他國家的能源出口，繼續進行研究開發工作才是上策。」

對負面因素給予正面評價

當對方因為受到負面因素影響，想停止過去一直持續在做的事，若我們適時針對這些負面理由給予正向評價，就有可能會讓對方改變心意。

學員：「我健身房的課就上到這個月底，以後不參加了。」

教練：「你不來健身房了嗎？這次怎麼了？」
學員：「健身房很花錢，過來也需要時間，想說就先暫時停一下。」
教練：「原來是這點小事，這明明就不需要煩惱啊。」
學員：「什麼意思？」
教練：「你花了錢又花了時間，正因為如此才更要繼續啊。」
學員：「是這樣嗎？」
教練：「如果來健身房上課免費又不花時間，你一定更難堅持下去。」
學員：「你的意思是……？」
教練：「鍛鍊身體的動機有三個：金錢、時間與精力，有這三項才能追尋理想目標，你一直都是秉持這種精神來練習的，不是嗎？」
學員：「被你這麼一說，或許是這樣吧。」
教練：「就是這樣沒錯，你必須堅持下去，追尋理想目標才是正確的選擇。」
學員：「原來如此，那我還是繼續上課好了。」

無論對方出於何種原因想放棄，重要的是，你要秉持相反的態度，同時給予對方肯定。

於是對方心中產生矛盾，不確定自己的想法是否正確，這代表你的說法動搖了對方的思考模式。當對方心中產生矛盾的認知失調，便想要趕快解開這個矛盾之處，所以在剛剛這位教練一再提出看似有道理的論述後，學員內心也很奇妙地感到認同。

就好比禪宗問答一般，當人們聽到了相反的意見，內心會浮現各種不同的疑問，但此時反而容易接受與自己不同的看法。有時候看似荒謬的道理，卻意外地很有說服力。

信眾：「我不要相信神明了，因為我連祂是否存在都不確定。」

導師：「正因為我們看不見神明，所以更顯示祂的尊貴啊。」

信眾：「什麼意思？」

導師：「就像偌大的宇宙中，我們能看到的只有一小部分。正因為宇宙太巨大了，所以我們才看不見。」

信眾：「原來如此，所以我只要相信神明存在，祂也會有所回應吧？」

7 先拉攏周遭的人，更容易說服對方

與其講得口乾舌燥，不如使出「我的朋友說」

碰到談生意的場合時，人們往往只將對象侷限在當事人身上，比如把焦點放在對方的興趣、喜歡的食物、是否講道理、是否很感性等各種面向，研究了許多關於對方的事情後，才知道如何應對。這一點固然重要，但有時候，還有比這更重要的事。

舉例來說，如果對方已婚，他會有其他家族成員；如果是一名公司主管，身邊一定有祕書和員工。運用這些人際關係來談生意，會是一個好計策。

為什麼這麼說呢？因為這些人互相流傳的口碑和評價，能發揮出人意料的強大影響力。

例如，**只要其中一人說了一句批評你公司產品的話**，「那個商品評價不太好，我們可能不適合和他們談生意」，**對方聽了就可能把這項商品排除在外，連考慮的機會都沒有。**因此，你必須把注意力放在對手生活周遭的人脈上，與他們保持友善往來。

除了生意場合以外，我們也能在美食評價中見識到口耳相傳的力量。舉例來說，我們在路上看到店家宣傳，「我們家的拉麵是以豚骨醬油為湯底，完全不使用化學調味料，可以品嘗到純正自然的拉麵風味。」但比起這種廣告推銷，肯定有絕大多數的顧客，是因為聽到他人好評後才決定去吃看看。「我跟你說，聽說車站前那家以豚骨醬油為湯底的拉麵店，完全不使用化學調味料，超好吃的耶。」這就是口耳相傳的影響力。

心理學有一項「我的朋友〇〇說」的技巧，意指透過第三人之口來傳達事情以增加說服力。當你身邊的人如此發言時，會因為沒有偏袒某人、也沒有替某人說話的態度，而提升了他的發言可信度。

如同許多美食評論專欄或部落格，除了有非常犀利的嚴厲評語，也有許多是恰到好處的正面評價。所以在談生意或談判時，必須將這些力量化為助力才行。

把人脈變成夥伴，再說服其他人

想要取得生意對象的信任並不是那麼容易，這時可以試試設宴款待或送禮物。和對方一同享用美味佳餚，讓他品嘗到快樂，進而產生好心情，同時為自己增添好印象。當他想起這些美好回憶，就會因為「聯結原理」而想到你。

設宴款待向對方表達善意的同時，若再送上禮物，會引發對方「受人滴水之恩，必當湧泉以報」的心理，這種因「互惠原則」所產生的心理效果，也是一種有效的技巧，可以輕鬆說服對方，讓他們點頭說好。如果款待或送禮對你來說不算負擔，不妨嘗試看看。

然而，如果無法順利使用這種方法，改成拉攏對方身邊的人，也是個好方法。若是對方有小孩會是很有用的資訊，可以視情況聊聊孩子的話題。

有時候我們能從周遭朋友口中得到相關資訊，比如「他的孩子暑假喜歡去山上找昆蟲，聽說有在養鍬形蟲或獨角仙這類甲蟲，而且是從幼蟲開始養到大喔」，接著若能從當事人身上也問到一些話就更棒了，例如「我兒子是本地足球隊的大球迷，他還說未來的夢想是要當足球選手」。好好運用這些資訊，挑選出對方孩子可能會喜歡的禮物，送禮時再補充說明

「這份禮物，希望您孩子會喜歡」，一定會更加分。

讓對方卸下心防，收下你的禮物

通常談生意的對象對於送給自己的禮物會較有警戒心，但你如果是因為記得他的家人喜好而送禮物，他反而會很高興，對於收禮物也不會那麼排斥了。

此外，從對方身邊朋友探聽來的當事人資訊也非常有用。「聽說他每到週日，都會花一整天的時間整理他的花園，所以他曬得黝黑，不是因為打高爾夫球，而是因為勤於做園藝的緣故呢。」、「他雖然在東京土生土長，但大學是在關西唸的，所以偏愛關西的事物，不但支持阪神棒球隊，也很喜歡吃大阪燒。」

像這樣事先取得相關資訊，不僅可以當作與當事人之間的聊天話題，也可以向提供資訊者表達謝意，「前幾天謝謝您告訴我許多事情。託您的福，我和他上次聊到園藝話題，聊得很熱絡呢。」感謝的同時，也是送禮的好機會，讓自己在對方心中留下深刻的好印象。也許未來某天的因緣際會下，對方對你的好評會傳到生意對象耳中，「他很認真而且是守信用的人」。與周圍的人打好關係，就是一石二鳥的好方法。

8

完全操控麻煩人物

給予肯定，再頑固的人也會信任你

在這個世界上，有些人性格頑固乖僻，明顯與一般人相反。

※故意唱反調，總是與別人的行為不同。
※固執己見，討厭與別人合作。

這類型的人常常會不經意地說出「咦？那樣子不對吧？」、「為什麼要這麼做？你的做法很奇怪」，即使聽到對方解釋後，仍不改變自己的看法，甚至出現更偏激的行為。這種人討厭別人提的建議，也討厭聽到批評他的意見。任性、缺乏協調、躲在自己的殼裡面，是他們感到最舒服的方式。

如果你要請這種人幫忙，不論幫的是什麼事都是一種麻煩。對方如果不想幫忙，會毫不客氣地一口回絕你，而且就算他接受你的請求，也不會乖乖按照你的要求去做事。

一定有很多人覺得這種人是個大麻煩吧？在你的公司或學校裡，應該也有這類型的人，你是不是盡可能避開他們，不想跟他們有瓜葛呢？

然而，這種人反而更好應付。由於本性單純，只要有一個人對自己的想法產生共鳴，便會感到滿足。**即便你覺得他們說的話有點奇怪，也要注意應對他們的方式，你可以說「原來如此，這樣啊，好像不錯」，話中不參雜否定意見，只要給予肯定就可以了，這樣他們便會覺得放心。**

這類型的人喜歡待在自己的殼裡面，只要你不戳破、不動搖、不企圖改變這層殼，仍然可以跟他們討論事情。

頑固者不願意附和他人的原因

面對頑固乖僻的人，即使用各種方式套話，也別期待能輕易得到他的贊同。從一般人認知的常識來看，盡可能給予對方肯定的回應，是比較安全且不會造成對方壓力的方式。

但是頑固乖僻的人卻認為，若不小心表露自己與他人持有相同論點，會很容易被他人拉攏，對此相當警戒，他們最常見的特徵就是經常以否定或拒絕來回應對方。

A：「從下次開始，工作流程將從A↓B↓C↓D改成B↓C↓A↓D的順序，這樣子會比較有效率，以後就麻煩你了。」

B：「什麼？不可能啦。改了順序反而會產生更多失誤，這樣子效率會變差的。」

A：「拜託你一起配合吧。萬一效率真的變差，到那時候，我們再一起想辦法解決，好不好呢？」

B：「我就說了，執行前明明知道效率會變差的話，我根本沒辦法配合。」

改變談話模式，負負得正

他們保守又頑固的性格，難以接受新事物的挑戰，總是讓周遭的人也束手無策。對於這種類型，我們必須以他們會做否定回應為前提，改變說話的鋪陳方式。**與其正面對決，不如換個角度，利用他們愛唱反調的思考模式來面對**，才是好計策。

A：「關於工作流程，沿用現行的A↓B↓C↓D應該是最好的方式吧？」
B：「我倒不這麼認為。」
A：「因為如果突然把現行的A↓B↓C↓D改成B↓C↓A↓D順序的話，會產生更多失誤，導致效率變差，不是嗎？」
B：「這倒也未必。只要習慣新的工作流程，就可以減少失誤了。」
A：「是這樣嗎，我覺得現行的A↓B↓C↓D還是最好的方式。」
B：「你老是這樣死板的想法不行喔。」
A：「嗯，有道理。不愧是資深前輩才有的獨到見解！」
B：「我也沒有這麼厲害啦……」

「不」、「未必」等表示相反意見的詞，都是愛唱反調者的說話模式。只要看清他們的回答習慣，改變談話的鋪陳與方向，就能有效達到你要的目標。

9 銷售人員愛用的心理技巧

讓人心甘情願掏錢的「最後一個」魔咒

不同的說話方式，能改變一個人的感受。

A：「這件商品非常受歡迎，我們店裡只剩最後這一個了，請問您要帶走嗎？」
B：「什麼？快要沒有了嗎？那我要最後一個，謝謝。」

告知消費者商品只剩最後一件，或是告訴對方這是賣完就沒有的限定版商品，藉以刺激對方心理狀態，提高購買意願，這便是知名的「限定效果」、「稀少性價值」和「虛榮效應」

（譯註：Snob Effect，想擁有少數人才能享用、獨一無二的商品）。

當我們聽到「這個賣完就沒了」、「這是最後一個」時，就好像喚醒了體內自遠古時代就存在的飢餓感，心想著一定要得到這個東西，好像得不到的話就是天大的損失。如此一來，便達到店員推銷的目的了。

在蔬果店時，如果店員告訴你：「太太，這草莓又甜又好吃，我們進三箱瞬間被搶購到只剩兩盒而已。」你聽了是不是很想把它買下來呢？但若是店員說：「太太，我們的草莓明明又甜又好吃，可是還剩兩盒。」你當下就會打消購買念頭吧？

每個人都喜歡受歡迎的東西，所以看到大家都在搶購，自己也會很想買，這是一種想與大眾相同的心理作用，一旦得知商品數量稀少就很容易被吸引。

想要推某人一把、幫他做決定時，這個方法很好用。實際上，我們在許多賣場中也能看到類似場景。「限時二十分鐘的半價特賣會！」、「全面七折！只到今天！」、「今天租約到期！全部商品半價大特賣！」諸如此類，都是藉由期間限定以提升物品稀少性價值的例子。

店員：「您是不是在煩惱要選擇A商品還是B商品？不過這兩種目前都缺貨喔。」

顧客：「兩種都缺貨嗎？可惡，沒有的商品就不要擺出來嘛。」
店員：「不好意思，因為這個產品相當受歡迎……啊，B 商品的話我們還有一個！請問您要帶嗎？」
顧客：「最後一個嗎？當然，我買了！」

在前述場景中，這個顧客看到原本以為已經沒有的商品再度出現時，喜悅的感覺更會大大加倍，進而買下商品，心理學稱此為「得失理論」（Gain-Loss Theory）。

大家都想挑選「中間那一個」

當你想要兜售某項商品時，只擺放一個出來是賣不出去的。如果有其他物品放在旁邊做比較，明顯區分出差異性，商品的價值就會高下立見。

這裡介紹一個知名的刺激消費手法。某家壽司店將「松、竹、梅」三種不同的特餐放在同一份菜單上，擺在最中間的是店內主打的「竹」特餐，餐點價格分別是「松」三千日圓、「竹」兩千日圓、「梅」一千日圓。

「松」特餐因為價格稍貴，很少顧客會點；「梅」特餐又好像少了什麼，客人也不會點。**最後，大家多半選擇最保險又不突兀的「竹」特餐，而「松」、「梅」特餐本來就定位在非人氣餐點。**

雖然店家可以透過調整食材價格，使兩千日圓的「竹」特餐獲得更高的利潤，然而，若是店家沒有推出「松」、「梅」，僅銷售單一特餐，銷售成績並不會太好。與另外兩個特餐一起比較下所產生的「對比效果」（Contrast Effect），正是讓「竹」特餐熱銷的關鍵。

房仲帶客戶看屋的小心機，看三間就成交

再來看看其他的例子。房仲業者帶客戶看屋時，若是按照對方需求，找出符合條件的物件再一間間慢慢參觀，客戶會很難下決定。

房仲一開始提供參觀的物件，會挑選具備優良條件、甚至超出客戶預想之外的房子，接著再去參觀符合需求、但客戶其實不會喜歡的房子。等到參觀第三間時，才是符合所有條件需求的良好物件，此時客戶就會很容易下決定要買第三間房子，這就是「對比效果」帶來的影響。

客戶的看屋數量抓在三個左右是比較保險的做法，這是為了讓對比效果更加明顯。隨著數量增加，這種效果也會變得模糊，失去鑑別度。

實驗證明，當人們同時間看到大量的東西時，會陷入迷惘和猶豫，無法做出選擇。專門研究人類「選擇」行為的美國哥倫比亞大學教授希娜．艾恩嘉（Sheena Iyengar），曾在大賣場進行一項有名的實驗，她在賣場的果醬區準備了試吃用的六種果醬和二十四種果醬，並且比較兩者的銷售業績。實驗結果顯示，準備六種果醬試吃的業績，比準備二十四種果醬的業績高出十倍。由此得知，給予消費者過多選項，有時在銷售上反而造成反效果。

而百貨公司也有類似的經驗，陳列在櫥窗的商品盡可能越少越好，除了防止竊盜發生以外，也可以避免商品賣不出去的窘境。

★ 心理技巧3

讓聽眾瞬間清醒的「演講祕訣」

人類的注意力大約可持續20分鐘左右，但是過了20分鐘後，再怎麼有趣的話題也會讓人感到煩膩。這樣看來，一堂45或90分鐘的學校課程，顯然是太過冗長了。

不論是發表會或演講，講者都應該考量聽眾的注意力，若是發表超過20分鐘以上，聽眾會開始感到痛苦。講者為了不讓演講變得無趣，往往需要花費一番工夫。

以下是幾個小技巧。一種是拋出問題，例如「你覺得在這種情況下，會發生什麼事？」讓對方思考問題的答案後，再請他們實際回答。你也可以提供選項，讓聽眾舉手作答。

不過，最有效的方法通常是事先告知會提問，但沒有指定回答對象。比如說「那麼，我們現在就請幾個朋友來回答問題」，此時聽眾因為不想要被問到時說不出話、不想要丟臉，交感神經會受到刺激，產生緊張感，因此瞬間清醒過來。

第4章

懂人心，才是職場常勝軍

1 提振員工低落到不行的幹勁

激發內在動機

員工缺乏幹勁時，主管該怎麼做才能提振他們的士氣呢？我們先從另一個角度來反向思考：如何降低員工的工作士氣？採取以下的方式，就會產生這種結果。

※減少獎勵，降低職位階級。
※增加瑣碎的指示，並要求員工增加回報次數，減少對方自行做主的工作範疇。

眾所周知，要讓人們產生幹勁的兩個條件，分別是「外在動機」（Extrinsic Motivation）

與「內在動機」（Intrinsic Motivation）。外在動機來自外界給予的獎勵或地位，可能具有義務性或強制性；內在動機則是指一個人的好奇心、興趣或是開心等心情。

雖然外在動機不一定與一個人的幹勁成正相關，但如果這個動機符合自身價值觀，就能發揮極大力量。反之，如果這件事只是因為屬於義務或受到強制而不得不做，就容易讓一個人失去自主和獨立性。比較之下，如果是**因為自己喜歡所以做得開心，內在動機影響下產生幹勁，會讓工作更有效率、做事更有成就感**。總而言之，我們可以了解，只要奪走一個人的外在與內在動機，對方就會失去幹勁。

舉例來說，在交通不方便的地區跑業務，明明應該向公司申報交通費，但公司卻不同意請領；又或者員工業績亮眼，主管卻捨棄正規的獎勵方式，改成帶員工去酒店吃一頓當作獎勵，變相迫使員工接受，就可能讓人失去幹勁。

提高員工的自我效能

此外，對原本樂於工作的員工下一些瑣碎的要求，叫對方一下做這個、一下做那個，同樣會扼殺他們的活力，這便是所謂的「破壞作用」（Undermining Effect）。其他還有黑心企業和過勞死等問題，與其說與員工幹勁有關，倒不如說是必須從不同面向探討的例子。

幹勁的來源，取決於「自我效能」（Self-Efficacy）的高低，兩者密切相關。自我效能是指一個人在特定情境中從事某種行為時，會有「這件事這樣做的話會如何」的預期心理，甚至**可能有「那件事我辦得到」的預期結果**。自我效能是心理學家亞伯特・班杜拉（Albert Bandura）提出的概念，以下介紹五種能有效提高自我效能的方法。

※ 個人成功體驗：回顧自己過去透過努力所獲得的成就。
※ 汲取他人體驗：觀察他人執行過程，了解自己能做到哪些事。
※ 語言說服：接受他人的鼓勵與肯定，自己也能更接受自己。
※ 生理與情感的提升：受到熱血戲劇或傳記的啟發。
※ 模擬想像體驗：模擬一次成功的過程，並刻劃在腦海中。

從這些方法中我們可以得知，若主管想提振員工士氣，首先必須培養並提升員工的自我效能。讓員工先從達成數個小目標開始，接著再實際到工作現場體驗，累積這些邊做邊學的經驗，然後給予模擬實作的機會，以此慢慢建立員工的自信心，這些步驟缺一不可。

二戰時期的日本海軍聯合艦隊司令官山本五十六曾說過一句名言：「做給他看，說給他聽，讓他嘗試，若不給予讚美，人不會主動。」放在這裡再適合也不過了。

讓員工感覺自己備受期待

我們可以結合心理學家羅伯特．羅森塔爾（Robert Rosenthal）的「期待效應」一起運用。**這是一項很著名的心理行為，又稱「畢馬龍效應」（Pygmalion Effect）。意指只要員工感受到主管對自己有些許期待，便會促使員工採取能夠達到這份期待的行動。**

主管可以在員工提早完成工作時，稱讚他「你工作效率不錯喔」，當員工完成完美的工作報告時，可以讚美他「你很細心，做得很棒喔」。員工會在不知不覺中將這些讚美內化，做出符合這些話的行為。

反之，如果主管不斷訓誡員工：「你怎麼又犯錯了！」、「你又粗心大意了！」員工會產生自卑心理，自認「反正我就是不會」，如此便可能造就散漫的員工。此即心理學知名的「格蘭效應」（Golem effect），主管對員工的期待值降低，就會導致員工較差的表現。

2 讓容易暴怒的主管一秒閉嘴

製造「驚訝」的情境

每個人都有自己獨特的思考模式。思考模式是指我們遇到問題時所思考的方向或架構，諸如如何釐清眼前發生的事，以及判斷這件事如何處理等。

人的動物本能（潛意識）與理性意識能在瞬間啟動，並對個別事物做出判斷。然而，這樣的動物本能若對眼前發生的事產生危機感，便會立刻引發內心的恐懼與不安。**如果此時有人立刻產生暴怒情緒，表示他對於危機特別敏感。**

換句話說，這類型的人對於眼前事物產生的細微變化，無法做理性的思考，他們的情緒會不停被刺激，此時為了掩飾內心的不安，就會釋放出憤怒的情感。這類思考模式的人，我們也可以說他們單純、膽小、精神脆弱、幼稚、對環境變化接受度低。

想要平息這種人的怒氣，關鍵在於讓他們被動物本能支配的大腦重新開機，引導到其他面向的情感。而最有效的重新開機鈕，是「吃驚」這個行為。就像是**突然間發生比眼前事情更加驚人的情況，使得對方腦袋瞬間空白，試圖理解發生什麼情況。驚訝的情緒是中性的，因為這是要過渡到下一個情緒的前段初始情緒。**

舉例來說，如果突然看到有水從天花板傾洩而下，我們會非常驚訝，這是因為還來不及理解現在發生的情形，所以內心一片空白，而原本憤怒的情緒也隨即拋到九霄雲外。

讓憤怒的人腦袋一片空白，進而被引導到其他情緒，便可以使對方回復冷靜，讓他的心情重新開機。以下介紹幾個例子。

讓動怒的人安靜下來的具體方法

★在對方面前假裝身體出狀況

主管：「你又粗心大意了，怎麼這麼笨啊！」

員工：「很抱歉……啊，啊呃，好痛……（突然抱頭蹲下）」

主管：「咦？你怎麼了？你還好吧？」
員工：「很、很抱歉……突、突然……啊，頭好痛……」
主管：「喂，別嚇人，你要不要去護理站？還是幫你叫救護車？」

主管看到員工突然出現症狀，就會因為太過衝擊而驚慌失措，反而擔心起對方的安危。

★指責對方太過情緒化

主管：「你又粗心大意了，怎麼這麼笨啊！」
員工：「課長，為什麼您要在公司大聲罵別人笨呢？」
主管：「什麼！這、這是你的問題啊！」
員工：「可以請您稍微冷靜一下嗎？這裡是公司。」
主管：「呃，啊，那個，嗯，我是說……」

藉由讓主管認知到自己憤怒的模樣，使對方覺得氣氛尷尬，進而恢復理性。

★盡力感謝對方，滿足他的「自尊需求」

主管：「你又粗心大意了，怎麼這麼笨啊！」
員工：「非常抱歉。每次都給您添麻煩，真的很感謝您的包容。」
主管：「真是的，都是因為你的粗心！你知道我們業績落後多少嗎？」
員工：「真的很謝謝您每次的指教，真的真的很感謝。」
主管：「嗯，這個嘛，嗯，那個……」

對方持續接受感謝之意，便會感到開心，「笨蛋」這種話也就很難再說出口了。

★保持沉默，消除沉重壓力

主管：「你又粗心大意了，怎麼這麼笨啊！」
員工：「真是非常抱歉……」
主管：「喂，就這樣嗎？喂？你說話啊！」
員工：「真是非常抱歉……」

面對員工沉默不語，生氣的主管無法判斷對方內心到底在想什麼，也就忘記自己原本的質疑了。

3 消除員工的不滿與反抗

訴諸恐懼，用籠統的說法使其安靜

主管說話時，若是員工一再打岔，很容易讓主管感到惱火。

主　管：「董事會最新公告，決定加班時間最晚到晚上八點，大樓會在晚上八點以後強制關閉。」
員工A：「晚上八點就關閉太強人所難了吧，工作一定做不完的。」
員工B：「結果還是要帶回家做吧，然後再叫我們一大早到公司。」
員工C：「都已經自願加班了，公司只會給員工造成不便，真是過分。」

主　管：「請大家成熟一點想想，追求工作與生活的平衡是人之常情。」
員工A：「工作與生活的平衡啊，董事們只想著顧全面子吧？」
員工B：「業績就已經不好了，這樣不是會更不好嗎？真是好傻好天真。」
員工C：「公司是要讓員工失去幹勁吧？」
主　管：「好了好了，都別抱怨了，我們只能照著董事會的決定做。」

這種主管聽員工大發牢騷卻不發一語，說白了點，這是會被員工瞧不起的主管。員工之所以你一言我一語地發牢騷，就是因為有人當聽眾，他們才能一直說下去。主管要是對這情況一直置之不理，員工的言行也會越來越傲慢自大。若不適度制止，總有一天員工會自暴自棄，甚至可能演變成和主管對立。

然而對員工來說，跟主管唱反調也是一種消除壓力的方式。聽到員工說出「又來了」、「受不了了啦」、「反正你總是朝令夕改」、「工作好沒勁喔」等自暴自棄的話，主管卻選擇沉默忍耐，其實也跟自己的尊嚴有關。

※「你敢說這種話，就準備等著喝西北風吧！」
※「你難道都沒有考慮過自己的未來嗎？」

這種抽象籠統且對員工具有威脅性的話，非常管用。若是直接具體說出「你會被炒魷魚喔」，可能會引發員工反彈，更容易造成問題。比較之下，前面冷漠的話語反而帶有威脅和暗示的意味。「你再這麼不節制自己的話，小心你現在的安穩無法維持下去」，運用這類意義深長的話，就能夠讓叛逆員工有所醒悟。

安撫與拉攏對公司不滿的暴走員工

職場上也會有一些小毛頭員工，具有所謂「年輕人特權」的正義、熱血、自以為是、冒失莽撞的暴走體質，常讓主管束手無策，感到相當頭痛。

員工：「為什麼我的核能發電報告被延遲刊登了呢？」
主管：「這是極力反對核電的董事長做的判斷，就先暫時擱置了。」

員工：「我並沒有持贊成或反對的觀點，如果立場中立的話，相信您也會同意吧？」
主管：「但既然董事長這麼說，我別無選擇，只能遵從。」
員工：「這是管理階層在干預編輯的權利！這樣刊登出來是偏頗的報導吧！」

員工：「為什麼日圓貶值時，原物料價格攀升導致產品價格上漲，但日圓升值時，卻沒有回復到原本的價格呢？若是在日圓升值時能調降公司產品的售價，應該會賣得很好的！」
主管：「我說了，這是董事會的決策，我們沒辦法說什麼，這不是我的錯。」
員工：「這不是本末倒置嗎？本公司不是標榜顧客至上，要成為消費者的好夥伴嗎？」

員工：「為什麼公司只有女生要輪流泡茶呢？」
主管：「這是從以前就留下來的文化，何況男生泡的茶也沒有很好喝。」
員工：「問題不在這裡吧？這可是違反男女平等的原則耶！」

員工：「前幾天，我第一次受邀參加一個業界聯誼聚會，那該不會是為了先談妥投標價格和得標者的會議吧？我有聽到一些數字，感覺怪怪的。」
主管：「沒錯喔，你現在才注意到嗎？這是一直以來的慣例，他們是信譽第一的團隊。」
員工：「就算這樣也不太妥當吧，現在不是有內部告發制度可以維護公眾利益嗎？」
主管：「所以才帶你去參加啊，因為我信得過你，你可別再說奇怪的話了。」
員工：「可是事前談妥條件不太好吧，這可是違背公眾利益耶，太奇怪了。」
主管：「你在胡說什麼？你該不會是要背叛公司吧？」

以上的例子，員工雖然都具有正當的理由，卻和企業的暗黑面相違背。若是主管此時不分青紅皂白地怒罵員工，只會引起反彈，甚至使對方情緒失控。在這種時候，**主管把員工的心拉攏過來很重要，可以表示自己深有同感：「我懂你的心情，我年輕的時候也跟你一樣。」如此不但不會傷及員工的正義感和自尊心，對方也會漸漸融入公司文化。**

4 這麼做，企畫案一次過關

附加說明，讓主管看到你的努力

當你提交企畫案或報告書給主管時，不要忘記加上這句話：「關於○○，我用△△的觀點提出假設，做了重點式歸納，並使用最新資料進行驗證。」在報告書上另外附加說明，點出自己下工夫努力之處，以及這份報告的關鍵著眼點，這又稱為**「促發效果」**（Priming Effect），表示一句話能夠影響人們的後續行為。換言之，**一句話，也能影響對方之後對你的印象**。

如果你過於謙虛，僅簡短地告知主管「報告書大致整理好了」、「我覺得完成這份報告不會太困難」，是非常不明智的決定。這樣只會讓主管覺得，你這份報告應該是隨便做出來的。**就算你做得沒有那麼認真，也必須誇張一點地回應：「不，我真的在○○的驗證方面花了很大一番功夫」。**想要讓其他人認為你是個人才，這也是一個有用的小花招。

提出兩個以上的企畫案，主管就能迅速同意

又或者，現在你有一份非常希望能過關的企畫案，那你最好在提案時，另外多提兩到三個相關企畫，會是比較好的方式。假如你只提出一個，大家的思考方向很容易變成「是否要通過這項企畫案」；若是有複數選項可選擇，方向便會變成「哪一個企畫是最好的」。不同的選項，會讓人們的思考模式有所改變。

不論你的主管多麼優柔寡斷，只要向他說明「關於○○的問題，我想到A、B、C三種解決方案」，他就可能這麼回答：「嗯，B方案看起來最好，你的看法呢？」此時你便可順勢回答：「我的想法也和課長一樣，覺得B方案比較好。」如此一來，B方案即可順利過關，獲得長官同意。

順帶一提，此時被三種方案刺激的主管，很有可能出現天外飛來一筆的想法，因此向你提出另一個看起來相當天馬行空的方案。儘管如此，你也不能表現出非常驚訝的樣子，更不

能嗤之以鼻地說：「那個不行吧，不可能做得到的。」主管要是聽到有人這樣批評自己的意見，肯定會馬上變臉。

你可以試著就這項提案中內容較弱的部分來做提問，比如說「課長真厲害，您想到的點子真不錯。只是我有一些小疑問……」，用提出問題的方式來修正方向，也是不錯的方法。

不到最後關頭絕不表態

在職場上，批評或反對主管的意見或提案，都是非常忌諱的行為。同樣地，員工也要避免批評公司會議上提出的各類提案。因為一旦現場彙整至最後兩個方案，大家需要二選一時，若你是處於少數人那一派，情勢會對你非常不利。

比方說，公司內部意見分歧，出現Ａ、Ｂ兩種方案，若你是少數派Ｂ方案的支持者，只要你提出「Ａ方案有〇〇缺點，會讓我們負擔極大風險，因此我持反對態度」，此舉很容易引發相對多數的Ａ方案擁護者，你一言我一語地攻擊圍剿。

如何表態才明智呢？你要在事情演變到無法收拾的地步之前，盡量做到「不到最後關頭不明顯表態」，這樣的立場才是上策。**你便可以佯裝成表面上贊成A方案，但其實在暗中救**

援B方案，這樣一來，你就能獲得優勢。

自己：「我和大家一樣贊成A方案。不過，B方案的○○部分也同樣有很大的魅力，讓人難以割捨，這部分大家有什麼看法呢？」

透過這樣的提問，應該能夠讓B方案再次浮上檯面，使眾人聚焦討論。這時就不是對B方案的整體概念做評斷，而是分析B方案中各種不同的論點，只要聚焦在某一個點來討論，人們的心態及思考模式是會改變的。

此外，因為研究小團體溝通方式而知名的美國心理學家斯汀澤（Stinzer），發現人們在開會時，只要坐的位置不同，就會影響會議流程的進行。當你想要讓自己的企畫案順利通過時，可以請贊同你意見的人坐在你座位的前方。為什麼呢？因為會議進行時，會與對方激烈爭論的人，大多是坐在對方前面的座位上。實驗結果也顯示，人們常常會想要批評坐在眼前的人。

因此，**你可以請同伴坐在正前方的座位，然後在你發表意見後，請他立刻表達簡短的讚**

美，諸如「這真是一個好主意」，其他人就很難再給予反對的意見了。只要有一個人出聲表示贊同，大家會很容易接連表示「是啊」、「感覺不錯」、「我贊成」。在會議之前打點好、安排內應，讓自己的計畫順利進行，就是這麼簡單。

5 避免被裁員的方法

討人厭的傢伙會優先被開除

近年來，日本的員工不僅要擔心在公司的績效不好，會被列入裁員名單，也要擔心成為外國主管的眼中釘。這些因為公司合併或收購而來日本的外國主管們，突然做起人事清算，以強硬的態度要求員工離職，這樣的例子不在少數。從前日本經濟高度成長，只要進入終身雇用制的日本企業服務，便可以一輩子安穩平順，然而這已經是很久之前的事了。

每個上班族理所當然地希望自己不要被炒魷魚，但是要怎麼樣才可以不被列進裁員名單呢？這件事沒有正確的解答，但有一些避免的方法。

首先，當公司面臨裁員時，握有決定權的主管會用什麼標準來挑選？簡單來說，**第一個**

一定是開除討人厭的傢伙，再來是業績不好的員工，這已是約定俗成的規則。

換句話說，一個員工若是工作成績優異但表現得很討人厭，一定會列在名單上前幾名，可見就算工作表現再好，或是提升了整體業績，也無法保證不被裁員。因此，與主管關係不好或討人厭的員工們，就必須在公司裁員潮尚未開始前，獲得主管的青睞。

如同本書所述，想要受人喜愛，須符合以下幾項心理狀態。

※經常與對方見面、增加親近的機會。但是如果你想接近那個討厭你的人，必須格外留意（見第四十五頁）。

※找出與對方的共通點，分享彼此見解（見第五十二頁）。

※和對方建立互補關係，尤其是補強對方弱點的能力（見第五十二頁）。

※建立能觸動對方內心的親密互動方式（見第五十二頁）。

大致來說是以上這幾點，再搭配以下祕訣，為自己的前途買好保險，絕對是必要的。

在職場保持安穩地位的十項祕訣

1 與人資主管的家人建立良好關係，扮演好「僕人」的角色。
2 抓住主管的小把柄，必要時跟蹤對方，抓出他出軌或有奇怪性癖好的證據。
3 與人資主管之上的管理階層保持良好關係，讓他人覺得你在社長或董事間很吃得開。
4 成為公司的風雲人物。
5 全盤掌控自己的工作，不讓其他人知道相關內容。
6 掌握主管收取廠商回扣、請領不法經費等小把柄，之後向主管展現你替他保密的忠誠，取得他絕對的信任。
7 與客戶打好關係，讓周遭的人都知道你與客戶之間密不可分。
8 取得各式專業證照，提升工作技能。
9 掌握公司違法的證據，並且確實保密。
10 不報假帳，不從事不正當行為，扮演一個模範員工，讓公司不會因為你有不法行為而開除你。

6 不著痕跡地打敗競爭者

假裝好意提醒，陷對方於混亂之中

對掌管大權的主管而言，若是員工們能互相競爭、切磋較勁，實在令人欣喜，但對處於敵對狀態的員工而言，卻只會感到疲累、耗損精力而已。對於敵手，我們必須擊敗他們，讓他們徹底消失，或者是趁其不備之時，一口氣將他們的樁腳連根拔起，取得壓倒性勝利，讓他們再也不是你的對手。

擊敗對手的最佳時機點，是當對方面臨到「就是現在」的成敗之際，就是你最佳的下手時機。

A：「聽說你等一下要去G公司做簡報啊？加油喔。」

B：「是啊，希望能順利簽約，縮短跟你的業績差距。」
A：「別這麼說，你若是能順利取得與G公司的大筆交易，別說什麼跟我的差距，你根本就完全逆轉了啊。」
B：「是嗎？我會繼續加油的。你有沒有什麼祕訣能接到大筆的訂單呢？」
A：「沒有什麼祕訣，不過，你只要不把口頭禪『這個嘛』掛嘴邊，你的簡報應該會很順利。我認為對方的主管也會被你說服，沒問題的。」
B：「希望如此。不過我真的有很常講『這個嘛』嗎？」
A：「一般說話的時候不會，不過在會議上做簡報時會讓人介意。」
B：「啊……好的，我知道了。謝謝你的建議，我會注意不要脫口而出的。」

在成敗關鍵之際，向對手透露他平常沒有留意到的缺點，多少會影響他上場時的士氣。

對方在想要認真拚個高下的情況下，緊張在所難免，這時如果出現一件稍微令他不放心的事，便會受到很大的影響。對手一旦把注意力放在提醒自己不要說出口頭禪上，反而打亂了自己說話的節奏，更容易陷入焦慮和混亂，最後甚至導致失敗。

同樣地，如果你突然批評對方他平常沒有注意到的事情，也能夠得到相同的效果。例如「你是O型腿對吧」、「你的膚色好奇特」、「你該不會總是在吃大蒜吧」、「你跟太太是辦公室戀情，有傳言說你太太以前曾跟部長有特殊關係，是真的嗎」、「你得過性病嗎」、「上週你有去歌舞伎町的某間店，對吧」、「你鼻孔好大，呼吸時特別明顯」。

讓敵人鬆懈警戒、自取滅亡的三步驟

要讓敵人鬆懈警戒而自亂陣腳，可以透過以下三個步驟。

★第一步：用溫莎效應改變敵人認知

為了討好對手，你必須向對方「示弱」。你可以跟對方說：「別說我跟你的能力旗鼓相當，我連你的對手都稱不上呢。」人之所以點燃戰鬥力，正是因為警覺到自己被他人視為對手。若是對方知道你並沒有視他為敵人，他就會產生輕敵的想法：「我好像不用太努力，反正他也追不上來。」

你若能**運用「溫莎效應」的原理，亦即透過第三者之口來讚美對方，就對方而言，可信**

度會比你直接向他傳達要來得更高。你只要到處宣揚吹捧，「〇〇先生好厲害啊」、「〇〇先生真是業務天才」、「〇〇先生太棒了」，這些話總是會傳到當事人耳朵裡的。漸漸地，你的對手就會改變對你的看法，從「那個討人厭的傢伙」轉變成「沒想到他人還滿好的」。

★第二步：用自我調侃讓敵人鬆懈警戒

以溫莎效應滲透敵方之後，再來直接接近對手，並深深表達對他的敬意，比如謙虛向對方討教：「到底要怎麼做，才能夠達到像您這樣優異的成績呢？可以教教我嗎？」同時**一邊自我調侃，天馬行空找一個理由也無妨，例如「我非常沒有效率，個性也很糟糕，總是重複犯一些無聊的錯誤」**。只要你讓對方覺得：「這傢伙真的有這麼愚蠢嗎？」那你就成功了。

接著對方就會卸下心防。當對方鬆懈警戒後，很有可能會因為「互惠原則」，而把自己的業務銷售心法傳授給你。

★第三步：用「甜蜜毒蘋果」讓敵人落入陷阱

摸清對手的個性之後，接下來就可進入「甜蜜毒蘋果」階段。**把對方覺得最難應付的公**

司，或有棘手承辦人的公司合約，當作禮物送給對方。

你可以主動向對方提及：「我很不擅長應對這種公司，可以請你來負責嗎？」而對方因為能增加自己的業績，就會欣喜接受，說：「我知道了，那就讓我來負責吧」。於是，對方便落入需要耗費大量時間精力的「甜蜜毒蘋果」陷阱而不可自拔了。之所以這麼做，是因為這是你自己開發的客戶，你最能夠掌握，如果是他人開發的客戶，狀況就不一樣了。

7 面對強勢員工，主管如何力挽狂瀾？

重要訊息藏在員工的表情中

工作上表現優異且有良好業績的員工，即使是一般職員，在面對主管時，仍然不免會表現出得意洋洋的態度，比如自信心爆棚的表情、狂妄任性的發言、明顯帶有抑揚頓挫的說話語調等。

對於一個沒有傲人成績的普通小職員、僅靠數年年資爬到主管位置的人而言，這樣優秀的員工實在太耀眼了。畢竟，當自己還是普通小職員時，不像這位員工一樣優秀，也沒有多傑出的成績。

員工：「課長，我想用前幾天所談的條件，跟M公司簽約，不知您意下如何？」
主管：「什麼？那件案子經理還沒做決定，你先稍安勿躁。」
員工：「不好意思，請問還沒做決定是什麼意思？您可以盡速向經理確認嗎？」
主管：「別這麼著急，經理很忙，我想他應該還沒研究吧。」
員工：「抱歉，我想直接去跟經理了解狀況。」
主管：「等一等，你好像搞錯順序了吧？不能越級報告喔。」
員工：「因為我急著要處理這件案子，而且其他公司也企圖與M公司砍價。」
主管：「知道了，那我去催催看經理，你別急。」
員工：「真是的，如果錯失簽約良機，您也無所謂嗎？您真的想做這件案子嗎？」
主管：「什麼？你說這什麼話，這個口氣太……你……（支支吾吾）」

這時，員工的臉應該會浮現出輕視的表情。**在臉部表情中，只有輕視的表情不是左右對稱的。具體而言，某一側嘴角會些微地歪斜並上揚。**當你看到員工出現這種表情卻置之不理，對方總有一天會將這種情緒爆發出來。一般職場上是不允許普通職員對主管發火的，但若事態發展至此，將導致這位直屬上管被貼上一個「不懂如何管理員工的糟糕主管」的標籤，這是很丟臉的事。身為主管，本來就應該想辦法不讓有能力但狂妄的員工失去幹勁，同時又能安穩地保持士氣。

重新拉攏「優秀員工」

當一個有能力的員工瞧不起主管的無能時，原本應該跟主管做的報告、聯繫和討論，都可能跟著減少。因為他知道即使與主管討論事情，也不會得到太大的幫助，更有甚者，是覺得跟無能主管說話，會抹煞自己的工作士氣，這是他們擔心的事。

員工如果接受了無能主管的蹩腳指示，即便他們可以用自己的方式完成工作，也會被強迫配合對方的作業方式，因此失去工作幹勁（「破壞作用」，見第一五五頁）。再者，若主管為了獎勵員工的好表現，帶對方去吃飯喝酒，要是在飯局上講東講西地說教也很不妥當。

這就好比對一個很會唸書的孩子嘮嘮叨叨，教他別人的讀書方法，可能還會透過考試考一百分就給零用錢作為獎勵。他或許原本視讀書為樂趣，最後卻演變成讀書是以拿到零用錢為目的，降低他對於唸書的幹勁，兩者是一樣的道理。

因此，**對於這種「優秀員工」，身為主管，不論自己有沒有能力，也不要蹩腳地下一堆命令，這才是最重要的事**。也就是說，對這類型員工採取置之不理的方式，對他來說就是最佳的職場環境。

然而如此一來，以中階主管的立場來看，會因為無法掌握員工的工作進度而感到困擾。因此，用外部報酬刺激這類員工的內在動機，是很有效的方法，也稱為「增強效應」（Enhancing effect）。

這裡的外部報酬並不是指金錢、滿漢全席或休假等獎勵方式，而是給予言語上的報酬，亦即主管自然流露出來的讚美。

無能主管：「你這次的工作表現也相當優異呢，有機會我也想聽你分享如何順利簽約的祕訣，還有奮鬥的經驗談。你一定花了不少功夫在上頭吧？」

優秀員工：「奮鬥的經驗談嗎？有好多好多可以說呢！」

無能主管：「你的著眼點果然很不一樣呢，可以跟你學到很多。這樣吧，下一次部門會議就請你分享一下自己的經驗談，相信大家都會很開心。」

優秀員工：「好的，我很開心能跟大家分享。」

無能的主管若能以這種態度面對優秀員工，員工就會繼續跟主管討論相關工作業務。主管任務中最重要的一環，就是讓這些「優秀員工」繼續保有自尊心與自豪感。

8 聽明提問，掌控談判主導權

提問就是挖掘出連對方也沒察覺的需求

談判有一點很重要，要能精準看透對方的需求。因為如果所談的事不是對方期待的，再怎麼談也無法談出一個結論。然而，現代行銷學之父菲利浦・科特勒（Philip Kotler）曾說：「顧客其實不知道自己真正想要的是什麼。」建議大家可以先做以下三個提問。

※對過去的提問：到目前為止，你做了些什麼？
※對現在的提問：你現在做了些什麼？
※對未來的提問：從現在開始，你打算要做些什麼？

這三個問題雖然說是探索顧客需求，但你能判斷出哪個問題最容易回答嗎？最容易回答的是「對過去的提問」。這是因為比起現在或未來，我們最沒有壓力、也不用思考太多的就是過去的事。

與對手談判時，藉由提問來挖掘出連對方也沒察覺的需求，是不可或缺的能力。你一開始可以先了解對方的過去，接著拉回到現在，最後再延伸到了解對方將來想要怎麼做，等於是帶領對方進行思考。

此外，雖然有許多人認為談判就是「非贏即輸」，但其實不是每個談判都一定要分出勝負，大家都希望最終能是雙贏的局面。

談判有下列五個要點，最大的原則在於不要到別人的地盤上撒野。

1 在主場進行談判，地點可選在自己的公司或習慣的地方。
2 由我方先提出談判的條件，再進行錨定（投下船錨以確定基準點）。
3 不表露我方能妥協的條件和底限。
4 不表露我方的時程表和下決定的截止期限。

以上述五個談判要點為基準，先在事前進行模擬談判。想一想，對方如果面對我方提出的條件會如何回應？他們是否希望我們讓步？想像所有可能發生的情況，再思考該如何一一回應和反擊。做好這種事前準備功夫，千萬不可有絲毫懈怠。

由於對方也可能會進行同樣的模擬談判，因此我方必須一邊留意可能落入的陷阱，一邊仔細思考應對的策略。若採取走一步算一步的方法，是不會達到雙贏局面的。但如果只有對方感到滿意、我方還有諸多不滿的狀況，就不是一個好的談判結果。

讓對方對未來有所期待，談判成功機率高達九十%

另一個很重要的點，本書第九十四頁也有提到，談判桌上分為委託人和被委託人，後者比起前者來得更有優勢。若雙方無法達成協議，談判破裂也無妨，重點是必須盡可能把對方從被委託人引導至委託人的立場。

想要達到這個目標，你**可以從「對過去的提問」中，找出被委託人緊咬不放的點是什**

麼。只要對方的需求越明確，越能提出充滿吸引力的條件，讓對方從被委託人轉為委託人。

此時，「提出對未來的規畫」正是充分發揮的好時機。當人們聽到未來的規畫時，會心生期待，因而動搖內心。只要成功讓對方對未來懷有清晰鮮明的藍圖，就會產生想要堅定走下去的想法。

「如您所言，目前時機雖是如此，但一年後將會成為〇〇的情況，我們若能從現在開始同心協力互相合作，未來一定能得到非常大的收穫，您說是嗎？」告訴對方，雖然現在情況無法得到滿足，但未來一定可以獲得滿意的成果，提出這樣的願景後，大部分人的內心一定會有所動搖。即便黑暗的未來讓人有壓力，但有著光明未來的願景，將激發人們原本那份追求幸福的渴望。

9 女性主管管理男性員工的技巧

刻意吹捧輕視女性的男性

對某些男員工來說，第一次遇到的女主管代表某種威脅。雖然男員工以為自己可以接受女性主管，但各種不同的心思仍會在暗地裡發酵，比如「這次居然是一個女的要來做我的主管？」、「該不會以後都要聽女人的命令行動了吧？」懷有「男尊女卑」心態、把女性地位看得比男性還低的人，所產生的想法越發強烈。

另一方面，女性主管也有著不同的心思。第一次得到率領男性員工的主管職時，她們內心的想法是「我真的能順利工作，讓自己不會被男同事瞧不起嗎？」不光是員工是男性這件事，還包括其他男同事的年紀或資歷，都遠比自己更為資深，這時候女性主管的心境更加複雜了。

這就是會產生微妙「逞強心態」的時空背景。不過，即便全辦公室都是男性，年輕主管與資深員工之間的關係也是一樣的。「不論是年紀、資歷、工作經驗，都比我自己還要久、還要豐富」，只要發生類似的狀況，你一定會下定決心：「我不想被人瞧不起！」反而讓自己落入如臨大敵般的心境。

於是，越逞強就越容易給自己施加不必要的「鼓勵」。

女主管：「大家好，我是○○○，以後就是大家的主管。未來我在工作上將全力以赴。公司裡要是有人無法跟上我的腳步，我會請他離開我的團隊，請大家做好覺悟，認真工作！」

這種強硬的問候，就像突然對大家下戰帖一樣，未來的路會走得很辛苦。男員工並不會畏懼女主管，他們表面上看似服從，但這樣的言論卻加深了他們的反抗心：「什麼嘛，她以為她是誰，明明就是個弱女子。」這種口是心非的主從關係，很有可能就是你一手造成的。

刺激男性本能，讓他們乖乖聽話

為了避免演變成這樣的關係，必須把對方「男尊女卑」的心理徹底翻轉過來。

女主管：「大家好，我是新到任的女主管，或許有些人會感覺不習慣，對於這方面，還需要借助大家的豐富經驗，協助能力不足的我。未來工作上還請助我一臂之力，請大家多多指教。」

用謙卑的態度，滿足男性的自信與自尊，非常重要。把世間「男尊女卑」的風氣視為理所當然之事並表示虛心接受，反而更能夠明顯看出其大度的氣量。保持這樣的態度，任誰都會對「有能力的女性」甘拜下風、自嘆弗如。

男性認為自己比女性更為高尚，女性若對男性這樣的心理表示贊同的話，男性便會產生一種奇妙的安全感。**男性若從女性那方獲得越多身為男性存在的價值，便越能顯現其勇壯雄風。男人對此感到自豪，而女性則應該如淑女般舉止優雅從容。**

「男人是為了幫助女人而存在的」，男性之所以擁有過高的自我意識，是因為激發了自遠古以來的男性本能，所以當一個女性做出請求，沒有一個男性會感到不開心的。當有新的雌性動物出現時，會讓雄性的男人興奮、充滿活力，這樣的心理作用，正是眾所周知的「柯立芝效應」（Coolidge Effect）。

如同活魚海鮮餐廳裡的水槽，如果在竹莢魚的水槽中放入一隻牠們的天敵——烏賊，讓竹莢魚產生緊張感，便能夠延長魚群在水槽中的壽命。刺激男性本能所追求的，正是這樣的效果。

因此，女性可以多說這些能夠振奮男性內心的魔法話語，例如「真不愧是〇〇先生，果然男生就是不一樣呢」、「〇〇先生好有男子氣概喔」、「你一定很喜歡具有挑戰性的工作吧」、「你超man的，女生很容易為你著迷」。

簡單幾句話就能振奮男性內心，從此以後，他們就會爭相在女主管面前較勁彼此的好成績了。

★ 心理技巧4

瞬間增強說服力的「說話祕訣」

與第一次見面的人說話時，我們多半會把話說得很客氣，希望給對方留下一個好印象。但是，越是講究客氣的口吻，說服力就越顯得薄弱，甚至會讓談話氣氛變得曖昧、拐彎抹角。

舉例來說，「這項產品受到許多朋友的支持，多年來持續為大家所愛用」，這個句子中就沒有亮點，因為「受到支持」、「為大家所愛用」、「多年來持續」，都是被動和謙虛的用法。

我們可以將這句話改成：「這項產品，一直有許多朋友支持和愛用。」像這樣，化被動為主動，句子就感覺流暢多了。恭敬的用語用得越多，表示與對方的距離越遠。雖然裝熟不是很妥當，不過至少在介紹自家公司商品時，用主動一點的句型來陳述，會比被動句型來得好。大家不妨留意自己日常生活中的表達方式，把過度客氣的毛病改一改吧！

第5章

讓愛情如你所願的男女溝通實戰技

1 讓帥哥美女成為囊中物

長相好看其實是一種平均值

　　愛情電影的主角絕大多數都是俊男美女，若是讓外表條件不優的人來當主角，觀眾可能會很難融入戲劇當中。人們為什麼會被俊男美女吸引呢？大眾普遍認為，容貌姣好者是完成度相當高的生物，而他們所具備的優良遺傳基因，讓具有生存本能的人們產生幻想。

　　最近則有一種說法，可以利用電腦合成出俊男美女的臉龐，做法是先收集一萬個人的臉部圖像，透過電腦運算找出平均值，最接近平均值的便是漂亮的臉。**所以如果從男人和女人的臉取平均值，就可以得到美女或帥哥的臉蛋。人類的大腦可以瞬間辨識出這一點，並判斷它是否具有吸引力。**因此，每個人所認為的美女或帥哥的標準，大致上都差不多。

平均值的臉不會帶來威脅感，同性會感到放心與信任，異性則會認為對方具有優良基因，有可能下意識產生性幻想，變得格外興奮。

為什麼大家都想認識帥哥美女？

如果一個人外表非常顯眼，會給人非常好的印象，在這種印象的影響下，人們也會連帶對他的其他部分（如個性或智力等）給予較好的評價，這種心理作用稱為「光環效應」（Halo Effect，又稱「月暈效應」）。

除了外在因素會導致光環效應以外，若是內在因素（人格或智力等）或社會因素（地位或名譽等）非常顯眼時，同樣也會發生這種效應。其中，外在因素是由視覺感官而來，所以效應會特別強烈。

不過，由於光環效應往往使人高估了當事人的實力，隨著雙方長時間的交流和認識，對方閃閃發亮的外在，也會逐漸崩解脫落。每個人都希望與帥哥美女多認識交流，與他們結伴同行，就好像自己周遭也充滿了「優秀」的氛圍。這就好比擁有高級名牌時，別人給予的外在評價，同樣有助於達到個人滿足。

然而，想要更接近美女帥哥，卻覺得門檻太高因此敬而遠之的人也不在少數。要知道，帥哥美女一樣是普通人，我們其實不必害怕。

如何輕鬆自然地接近喜歡的人？

一個人如果想要與美女或帥哥交流，首先必須跳脫光環效應的束縛。假設你心心念念的人就在眼前，你卻緊張地心跳加速，連話都不會說，想必對方會把你當作一個奇怪的人。相反地，當你面對一位自己沒有投入太多感情的女性或男性，卻可以很自然地跟他們說話。

帥哥美女當前，人往往因爲強烈希望得到對方青睞，反而容易弄巧成拙，無法自然地展現自己的優點。該怎麼做呢？**方法是，不要刻意想著該如何讓自己看起來更好，這麼一來，就可以自然地靠近他們，創造相處的機會。**

首先，按照以下的要點來執行。

★ 習慣帥哥美女的存在

對模特兒經紀公司的經紀人來說，每天看到外表亮眼的人已是司空見慣，他們連模特兒的生活和個性都熟悉得不得了，自然不會因為看到帥哥美女而大驚小怪了。所以我們只要知道這些人的外在與內在，便能領悟到型男和正妹也不過是與我們一樣的人類而已，這樣的心理稱為「習慣化」（Habituation）。

想要運用這個原理，你就得積極接近被認為是美女或帥哥的人了。接近的對象不是只有這些你愛慕的對象，還要逐步接近在你身邊、因外在因素產生光環效應的其他人，盡可能去靠近他們就對了。

不斷重複著這樣的刺激之後，有一天你也能相信自己、擁有自信。

★想像帥哥美女身為普通人的實際生活情形

他們和我們一樣都是人類，會放屁也會上廁所。試著在腦海中想像他們同樣普通的生活樣貌，你最後會慢慢了解，他們和我們的差別僅僅在於姣好的臉蛋。

★想像帥哥美女衰老的模樣

在網路發達的時代，大家很容易搜尋到藝人的長相變化，網路上甚至把美麗的女藝人逐年衰老的容貌變化稱為「崩壞」。人的長相每一年都會產生變化，試著想像一下，你所憧憬的美女和帥哥，在歲月流逝之下，外貌又會產生什麼樣的變化呢？如此一來，你就能理解「美貌僅一時非一世」的道理。

2 了解戀愛的條件，就能如你所願

向結婚詐欺師學習受歡迎的技巧

我們再來看一下前面提到的光環效應，這種效應不是只有發生在外在因素很亮眼的人們身上，舉凡內在因素如個性和智力，或是社會因素如地位、名聲、職位等，都能夠發揮光環效應。

當你想要極力推薦自己給某人時，若能好好運用光環效應，就能讓對方覺得自己是很優秀的一個人。若你本身稱不上美若天仙或帥氣逼人，就不要太過期待外在因素所產生的光環效應。相反地，你可以**發揮內在或社會因素帶來的光環效應，一舉擄獲心儀對象的那顆心。**

舉例來說，把光環效應發揮到極致並且有豐碩成果的人，應該就是日本所謂的「結婚詐欺師」了吧！結婚詐欺師的帥氣外表就不用說了，其他像是搭配的服裝、鞋子、隨身物品等，在在顯示了他為了扮演好這個角色所花費的心思與細節。這種因為帥氣制服而迷倒別人的效應，也可稱為「制服效應」（Uniform Effect）。

靠外在和談吐迷倒眾人

從內在因素來看，結婚詐欺師會扮演充滿知性的高知識分子，是個性溫厚、胸襟開闊的好人。從社會因素來看，他也會忠實扮演醫生、律師、機師、大使館員、企業家等，具有高度社會評價並且深獲社會信任。

他完美地扮演好這名角色，準備好可以發揮的「舞台」（常去的酒館或高級餐廳、專屬的電話祕書、租借高級大廈佯裝成自己的家），這些條件俱足後，離擄獲心儀對象的心又更進了一步。接下來，只要製造「命運的邂逅」，讓雙方關係更加親密就可以了。在完全取得目標對象的信任，卸下對方心防並論及婚嫁後，他再藉故提領大筆金錢，然後在某一天突然人間蒸發。

很有趣的一點是，**在日本眾多結婚詐欺案件中，許多當事人在面對警察的詢問時，並不**

認為自己被欺騙了。真實世界中，這樣的例子非常多，令人震驚。當事人不僅不認為消失無蹤的未婚夫或未婚妻是詐欺犯，甚至還堅持要勇敢地等待對方回來。

運用光環效應，攻陷目標對象

結婚詐欺師為了獲取大量金錢，而不斷轉移目標，在這種情況下，很有可能在哪一天露出狐狸尾巴而被逮捕。不過，只要他能找到一位非常富有的大金主，並且步上紅毯，就不構成詐欺了。結婚後，再故意做一些讓另一半感到厭煩的行為，失去對方信任，等到盡情搾取對方的財富後，就可以讓對方提出離婚要求而分開了，簡直就是完美犯罪。

結婚詐欺師就是運用了光環效應，輕易地把對方的心騙到手。可見**如果能夠靈活運用光環效應，就可以攻陷任何美女或帥哥。**

以下介紹三個用光環效應推銷自己的方法。

★運用「外在因素」的光環效應

做臉部整型是一件不容易的事，不過你不需要做到這個地步，可以從髮型、化妝、服裝造型、言行舉止、說話措詞來下工夫，花些精力在這些事情上，就能大幅扭轉人們的印象。

想要獲得高度信任，可以搭配一套清爽整潔的西裝，再加上一雙能完美搭配這身服裝的鞋子。接著根據色彩心理學，在服裝的某處點綴一點紅色，只要這一丁點小巧思，便可以增加充滿個人風格的迷人魅力。

★運用「內在因素」的光環效應

為了要接近目標對象，可能依據對方的喜好調整自己。假如想要用搞笑方式接近對方，就要自備有趣的笑話或自我調侃的梗，以誠懇親和的態度和動作讓對方發笑。若對方喜歡認真踏實的人，你就準備一些知性的話題，並且要不經意地在言談間表露你總是奮發向上的那一面。

★運用「社會因素」的光環效應

利用第三人之口說些讚美的話，加上「我的朋友〇〇說」的技巧，讓對方心中深植對你的好印象。請可信賴的同事或朋友幫忙，協助完成你的計畫，比如讓他們轉達給對方這些話：「他似乎很了解投資理財，聽說賺了滿大一筆。」、「他是空手道高段，以前曾經制伏過歹徒，還獲得警方表揚呢。」

3

讓對方熱情不冷卻的祕訣

不能太以男女朋友為生活重心

要向喜歡的對象告白時，有些人是以請求的方式，使對方答應開始交往，如「請當我的男／女朋友」。對方雖然對你沒有太大興趣，但看在「既然你都這麼說了」的份上，那「就交往看看吧」。這種情侶之間的感情，會一直受到「既然你都求我了」的心態所束縛。

請求答應交往的這一方，若沒有將雙方關係拉到對等的情況，就會迎來一連串不幸，心理學稱此為「最小興趣原則」（The Principle of Least Interest）。也就是說，**「愛到卡慘死」**，**只會得到對方傲慢無禮的對待**。所謂「最小興趣原則」，是指自己盡全力為對方付出，但對方只有回報「最少程度的關心」，在雙方關係裡屬於弱勢的一方。

擺出「隨時準備好分手」的態度

這種狀況，跟偶像見到越瘋狂的粉絲，態度就越冷淡，是一樣的道理。偶像在粉絲面前，全力以赴精彩演出，對粉絲表達感謝。但對他們而言，這些其實都是無關緊要的事。只要他們內心了解自己職業的特殊性，便會知道偶像是會引起粉絲騷動的人，若碰到極為瘋狂的粉絲，他們內心肯定會出現覺得麻煩的想法。

所以，為了不要讓另一半看到自己「愛到卡慘死」的情形，你必須表現出，隨時都準備好分手的態度。如果不這麼做，被請求交往的那一方就會得意忘形。

你可以讓另一半在社群網站上看見，你與其他異性朋友交情很好的照片，並且告訴他「〇〇〇跟我告白了」，就算是撒謊也無妨。只要讓另一半擔心自己將來可能會被提分手，而你可能會跟其他男人或女人遠走高飛，如此一來，你便提升了自己在對方心中的價值。

為了避免因為被拜託才跟你交往的對方氣焰太過於囂張，採取充分箝制的做法相當有必要。即使是交往許久的情侶也是一樣，若不讓對方感受到「你或許會離他而去」的危機感，未來很有可能就會變成由對方提出分手。

戀愛的熱度，男女大不同

情侶之間剛開始交往，雙方對於戀愛的熱度多半不一致，這是很稀鬆平常的事。因為大部分都是男方先展開攻勢，所以剛開始交往時，男方的熱情會多一些。**而女性的熱情在一開始比較低，隨著交往時間的增加，感受到幸福後，才慢慢提高戀愛的熱度。**

然而如此一來，一開始戀愛熱度高的男方在關係穩定後，熱情便會急速消滅。因為「釣到的魚不用再給魚餌」，這種事常常發生。換句話說，男女雙方在戀愛熱度的消長上有很大的不同，請務必注意。

這樣的關係是源自於久遠的太古時代，男性的狩獵本能與女性的收集本能不同的原因。男生為了證明自己對戀愛具有高度熱情，在一開始就採取積極行動，送女生禮物，或是向對方提出各式旅遊計畫等。

不過，當他們認為已經完全得到女生芳心時，就會突然放心下來。因為他們認為，雙方應該已經進入「即使什麼都不做，感情也很堅固」的穩定期了。

然而，女生卻不是這麼想的。比起豪華禮物或活動，她們更希望多一點日常生活中的親密互動。例如因為工作忙碌看不到喜歡的電視節目時，才發現男朋友事先預錄好了；炎熱夏天中，男友幫自己買了冰淇淋——這種貼心，正是女生感覺被愛的時刻。

簡而言之，男性是「一個重點」主義，女性是「多個細節」主義。**男生多半認為，送一個豪華的禮物給喜歡的女生，她們肯定會欣然接受自己的熱情與愛意，但對女生來說，突然收到豪華的禮物只是倍感困擾而已。**

當然，女性在收到禮物時不會不開心，不過對女生而言，男生與其送豪華大禮，還不如從日常生活的貼心小事做起，比較能夠感受到愛。男生應該要先了解這一點才是。

豪華大禮也是要花費金錢的，反觀日常生活上的貼心照顧，不但省錢，也能讓雙方的戀愛關係更加長久。

4 把戀人未滿升級為「戀人關係」

如何聆聽與說話，拉近彼此關係？

如果和對方處於戀人未滿的朋友階段，但想要進一步晉升為情侶，就必須照著以下的步驟慢慢來。

★會話篇1：成為聆聽高手

男性是重邏輯思考的解決問題型，而女性則是感情豐沛的同理型。因此，男女之間總會出現如下的對話。

女：「昨天要下班之前，被課長拜託留下加班，結果弄到九點才走。託他的福，我本來很期待今晚九點的日劇，結果時間趕不及就錯過這一集了。」

男：「又是課長讓你加班。如果沒有立刻跟他說你無法臨時加班，就會很麻煩（提出解決方法）。你也對課長太唯命是從了（批評），我下次還是先幫你把日劇預錄起來吧！（提出解決方法）」

女：「我知道啊……不過……（停止對話）」

其實，女生純粹想要發一發牢騷，你只要點點頭說：「是啊，你也太辛苦了」，同理她的心情就好了。但男生卻常常用高人一等的態度，幼稚地對女生說教。建議改用這樣的回應：「怎麼會這樣！」、「哇，那真是太可惜了！」、「你一定也很懊惱吧？」男生們，在與女生說話時，試著改變老想要提出解決方法的心態，就能拉近與女生之間的距離喔！

★會話篇2：傳遞「潛意識訊息」

對異性獻殷勤時，不經意地說出讓對方開心的話是很重要的（見第三十七頁）。並且藉此將「潛意識訊息」（Subliminal Message）適當地傳達給對方。

男生可以對女生說：「你有一雙水汪汪的眼睛」、「肌膚好有彈性啊」、「很舒服吧」、「感覺很棒吧」、「這裡很水潤呢」等。

女生可以對男生說：「你的咖啡要加牛奶嗎？」、「你要加糖嗎？」、「想要快一點嗎？」、「真的很棒，你真幸運呢」等。

想讓對方下意識地聯想到性方面，也可以好好運用這些訊息。

讓關係加速升溫的約會重點

接下來，該怎麼安排這段關係的發展，採取適當的方式也很重要。

★約會篇1：「黑暗、接近、狹窄」的原則

男女之間如果沒有互相意識到彼此為異性，永遠只能是朋友。你必須在約會時設定一個場景，讓彼此不得不意識到對方是異性。比如在黑暗的地方靠近對方，或待在一個能感受到對方呼吸的狹窄空間內，電影院、網咖、卡拉OK包廂、餐廳吧台或高樓瞭望台等，都是非

常適合拉近彼此距離的地點。

此外，「吊橋理論」（Suspension Bridge Effect）中提到，當人們走過搖晃的吊橋時，會覺得恐怖而心跳加速，而人們會錯把這種心跳加速的現象，與性愛歡愉的感覺混淆在一起，是這個理論廣為人知的地方。

就某種層面上來看，斷崖絕壁、雲霄飛車、恐怖鬼屋等地點，是很適合製造機會的。於事後互相分享心得感想，便能製造兩人之間的共同回憶，在下一次見面前，對彼此的認識又加深了一些，關係也因而產生變化。

★約會篇 2：和對方牽手的最佳時機

男性之間的肢體接觸，總會讓人產生敵對意識，並且伴隨著不愉快的感受。但是，**男女之間的肢體接觸，卻常常是打開雙方性慾的開關**。

男生若對女生做出肢體接觸時，會讓女生有所警戒。但是到底要接觸到什麼程度，才能讓女生卸下心防呢？我們可以把女生的反應當作測量的指標。

當兩人並排走路時，男性試著輕輕地用手背去碰觸女性的手。如果女性感到驚慌失措，並且迅速將手抽開，表示時機尚未成熟。感覺雙方互動滿自然時，才可以試著牽起對方的手看看。手部是人們非常敏感的部位，若用手互相感受彼此的體溫，這種融為一體的感覺會急速在兩人之間擴散開來。

男生牽起女生的手時，若是不想讓對方有彆扭的感覺，可以選擇在進出餐廳門口時、搭乘電梯時、女生有困難需要幫忙時等，從這些地方開始做起，再告知可幫忙看手相而觸摸到對方的手。重複地做，事情就能順利進展。

此外，女生若主動碰觸，會讓男生很開心。比如觸摸男性的臂膀、拉住手臂或衣服、拍拍肩膀、推他們的腰或背部等，不管做什麼都可以，尤其是把手放到男生大腿上的話，更是有絕佳的暗示效果。

5 如何製造發生性關係的情境？

太過隨便，立刻列入黑名單

交往初期，該如何導入性關係呢？這是男生最為關心的事。沒發生性關係的話，好像就沒有實際交往的感覺。而女生方面，則不會特別覺得一定要發生性關係才算正式交往。

對方對待自己是否是真心，可以從約會時男生的表現看出來，對女生來說，比起發生性關係，更重視男生是否真心誠意。有些男生會趁著酒醉時，大膽追求女性，並提出「我們現在一起去賓館吧，怎麼樣？」如果一開始就是這種情況，男生被拒絕的機率會相當高。

配合女生的步調

女生的想法是，「我跟你剛認識不久，你也太隨便了，我不想被當成隨便的女人」。這種邀請方式只會讓女生感覺很不舒服，並且讓女生更加提高警覺，對男性充滿防備。「他只想要我的身體吧？簡直積極過頭了，好低級的男人啊。」女生會認為，若男人是真心愛她，應該會小心翼翼地呵護自己，突然出現「賓館」這失禮的字眼，讓人掃興極了。

男生基於天生的狩獵本能，想著要一口氣得到女生，但太過焦急反而造成反效果，因為女生一般都希望等到雙方都覺得時機成熟時，再發生性關係。**當女性進入可以和男性發生性關係的階段時，會發出「OK」的信號。只要男生能精準看出這個信號，事情便會順利發展下去。**

女生面對喜歡的男生時，會想要表現出高雅的氣質。即使是自己想要發生性關係，也不會做出粗俗的反應。這是因為女性會本能地理解到這個事實：「太隨便的女人會被視為輕浮的人」。

男性是「性慾優先」，女性則是「浪漫優先」，從這個角度思考的話，應該就能理解了。

精準看出女生同意的時機

當女生認為可以和對方發生性關係時，在卸下心防的那一刻起，會出現好幾個「ＯＫ」信號。

※增加肢體接觸。
※不再抗拒牽手。
※坦率說出自己的煩惱。
※互相看對方的手相並比較。
※提及自己的家人或親近朋友的事。
※說出自己的祕密。
※不介意間接接吻，享用同一份食物或飲料。
※郵件回覆迅速。
※電話熱線時間很長。
※吐露自己的缺點。

※很自然地約你聚餐。
※會撒嬌。
※可以討論男性的興趣或喜歡的東西。

若精準看出這些「OK」信號，就可以試著導入下一個階段，邀約發生性關係。此時千萬不可以說：「一起去賓館吧！」這樣會突然變得很下流。最好先創造好的氣氛，再看情況順水推舟。

★約會時表現出不捨的樣子，「我還想跟你多散步一會兒」，爭取多一點相處時間，在錯過末班車後說：「好晚了，要不要找個地方休息呢？」
★「偶爾也來我家喝一杯吧」，提出在家裡暢飲的建議，之後就順水推舟。
★邀請對方「一起喝到早上吧」，在中途看好時機，邀約對方「看你有點累，是不是想休息了呢」。
★一起去兜風時，提議「好想跟你喝一杯」，然後邀約對方「喝酒不能開車，今晚我們找個地方住下來吧」。

話說回來，若男生想要在第一次約會時就和對方接吻，可以試試使用「以退為進策略」（見第一一六頁），成功機率會非常高。

男性：「怎麼辦，好想跟你上床。」
女性：「什麼？不行啦，我們才剛剛認識不久。」
男性：「啊，不行嗎？我真的好喜歡你，那我可以吻你嗎？」
女性：「什麼？親、親吻？只有親吻的話是沒關係啦……」

親吻之後，若能繼續導入至法式深吻，再直接進入賓館模式也是很有機會的。

6 長期維持男女關係的祕訣

男女思考方式不同，是分手原因之一

男女之間的腦部機能有些微妙的差異。大致上，男性擅長以左腦為中心，進行邏輯性思考；女性則主要用右腦進行感性思考。這是男女腦部構造的不同，但男性不一定會用男性的思考方式，女性也不一定會用女性的思考方式。

想要辨別一個人屬於男性腦還是女性腦，可以從對方的手指長度來判斷。這個方法是比較食指和無名指哪一隻比較長，**無名指較長表示受到男性腦的影響較大，食指較長則是受女性腦的影響較大**。此即「二指法則」，當人們在胎兒時期接收到大量男性荷爾蒙中的「睪固酮」，食指比較短，無名指比較長。

大部分的男性，食指都比無名指來得短一些。另一方面，受到女性腦影響比較大的人，食指會比無名指來得長。有少數的男性具有這樣的特徵，但多數還是常見於女性身上。

「二指法則」原本是從老鼠實驗中衍生出來的，雖然有些人主張人類不適用這個規則，但實際上對比周遭的人們手指長度後，發現此法則有一定程度的或然率，令人吃驚。

比較食指與無名指的長度，哪一隻的長度越明顯，代表其男性腦或女性腦的表現越活躍。**擁有男性腦的人，活潑、充滿行動力、有控制欲望、以邏輯思考，且具有優秀的數字能力及空間掌握能力。擁有女性腦的人，具有同理心、充滿母性、有敏銳的感受力及優異的語言能力。**此外，**兩隻手指差不多長度的人，屬於中庸型的思考模式，**這類型的人在其獨特的領域內一枝獨秀。

其他還有一些男性腦與女性腦不同思考模式的特徵，讓我們一起來看看。

刺激男性腦與女性腦，讓對方成為你的俘虜

★收發訊息：

剛開始交往時，男生會頻繁地傳訊息給女生，但是當雙方的信賴關係建立起來後，男生

發訊息的次數就會大幅減少。由於女生喜歡對方展現勤快誠懇，所以會對訊息變少這件事感到煩躁。所以，男生們即使再忙碌，一天也請至少主動傳個一至二次訊息吧。此外，雖然男生很喜歡收到女生傳送有愛心圖案的訊息，不過，若傳送次數過於頻繁，會讓對方覺得麻煩，產生不被信任的感覺。

★男性出軌：

男性採取行動主要是受到衝動的驅使，這種衝動始於盡可能多留下自己遺傳基因的天性。只要他們看到喜歡的女性，便會出軌。然而，如果遇到命中註定的那個女性，男性最後一定會回到她身邊，其他人都只是一時的拈花惹草。相較之下，女性的出軌就不是玩玩而已，很容易對另一人認真而動真情，這點請務必注意。

★消除煩惱的方法：

男生有煩惱的時候，會變得不愛說話，喜歡把自己關起來獨自思考解決方法。此時他們不喜歡女生追問煩惱的原因，也不喜歡聽到女生給建議，最好的方法就是暫時別理他們。

而當女生有煩惱時，習慣馬上對別人傾訴，對她們來說，能夠得到別人同理比得到解決方法更加重要。

★扣分法與加分法：

女生若被男生置之不理時，會感到寂寞，有可能突然就說要分手。因為這個行為對女性來說相當扣分，當男生的分數扣到變負數時，雙方關係也就結束了。然而這個行為對男性來說則是加分，他們明顯傾向於就算女生個性任性，只要長得漂亮就沒關係。

★批評或感想：

男生跟很要好的人，即使對方是女生，也能直言不諱、毫不客氣地說話，因為這也是親密度的展現。不過，換成女生給予男生批評或指教時，有必須特別注意的地方。男生聽到喜歡的女生批評他的喜好或是選擇時，會感覺自己的人格完全被否定了，男生與生俱來的強烈自尊心，使得他們很容易受傷。他們是需要女生常常給予讚美的單純生物。

事先了解男性腦與女性腦的特徵，就能夠成就圓滿的交往關係。

7 遠距離戀愛成功的方法

遠距離戀愛不易維持的原因

維持一段遠距離戀情，過程多半是很艱辛的。美國的心理學家波沙德對成功走向紅毯另一端的五千對情侶進行調查，得到一個結論：**「物理距離越接近，男女間的心理距離也會更靠近」**，稱為**「波沙德法則」**。

不過，用我們的生活經驗來看，這樣的結果也是完全能預料到的事。情侶之間若是分隔兩地，雙方的聯繫本來就會變得不太容易。於是，其中某一方極有可能會產生新的戀情。另一方察覺到對方所處環境的變化後，雙方的感情關係就會產生裂痕。事情如果演變至此，就算想彌補，也必須遺憾地面對關係結束。

遠距離戀愛的情侶，就算只有偶爾見個面，也會花費大量金錢、時間和精力。而且見面時能做的事，短時間內就得完成。雙方見面，**對於彼此的細微變化總是會有正面與負面的評價，而人們總是會放大檢視負面評價，多過於正面評價。**

如果一直要比較確認「他跟我以前的男朋友（女朋友）不一樣」，是比較不完的，這種猜測「誰比較想見面」的苦澀煩惱，也會層出不窮。一旦其中一方負擔比較重，最終就會無法承受負荷，頻頻發牢騷。若是雙方見面所需要付出的成本，超過喜歡對方的心情時，會使這段關係無法再繼續下去。

因此，想要和對方分手，只要刻意保持彼此物理上的距離就可以了。當你不再對對方感興趣，可以告知對方你要調職或留學等，甚至撒謊也沒關係。許多人因為發生一些無法解決的因素，就會將雙方之間拉成遠距離，想著有告訴對方就行了，現實生活中有太多這樣的例子了。「好吧，這也是無可奈何的事，我們分手吧。」不過，這個方法的好處是：能夠避免另一方變成跟蹤狂，讓雙方能完美地分手。畢竟，遠距離是個很難克服的問題。

然而，破壞力如此強大的遠距離戀愛，是否有成功的方法呢？雖然不是每個人都遵循這個方式，但方法還是有的，讓我們一起來看看。

遠距離戀愛會突顯雙方的感情觀

男女雙方對於遠距離戀愛的想法是不同的，要讓遠距離戀愛能夠成功，必須了解雙方的思考模式，以從容的態度來面對。

★聯繫的方式

當男女雙方有一人移動到遠方，便開始了遠距離戀愛。剛開始，遠方的那個人就算再忙碌，也會相對頻繁地主動使用訊息或電話聯繫對方。然而，由於開始了全新的生活，接下來的每一天對他們來說都是新鮮的體驗。

以男性為例，他很有可能會慢慢減少與女方的聯繫，逐漸從每天傳訊息變成三天一次、五天一次。而留下來的女方，則會因沒有對方的消息而顯得焦慮不安。於是，**女方就會想要接到更多訊息或電話，但這是大忌，當男方有被束縛的感覺時，會覺得煩膩**。此時，女生只能傳送「給我一個訊息吧」這樣簡短的內容，不催促對方，同時堅強地忍耐，等待對方回應。如果做不到，男生會覺得這個女生對他來說是個負擔。若女生能忍耐、置之不理，男性反而會擔心而主動聯繫。

當男生前往一個全新的地方，初期會因為好奇心的驅使，每天都感受到不同於家鄉的新鮮刺激，內心是雀躍興奮的。**此時女生的置之不理會刺激男生的本能，讓他們更加勤奮地追求女生**。再者，不論男女，若是其中一方開始懷疑兩人之間有其他異性介入，將會急速使愛情降溫。因此，談論雙方之間的關係時，絕對不要出現懷疑的語氣，也不要以其他異性作為話題，這是遠距離戀愛的鐵則。

★見面的方式

遠距戀愛中，若是其中一方常常去見對方，距離這段感情結束的時間也不遠了。

雙方要見面，花費的金錢、時間和力氣都是一種負擔。這種時候，其中一方必須考慮到是否幫對方補貼交通費，也要設想到其他因為遠距衍生出的事。**最好選擇離雙方差不多距離的中間地點當作見面地點**。如此一來，兩人都可以在充滿新鮮冒險氣氛的未知地點一起品味、一起探險。藉由共同創造新的回憶，讓彼此的互動更為生動活潑。此外，見面的時候，向對方展現平日自我鍛鍊的成果也很重要，因為對方的成長能夠更加激發自己的戀愛心情。

8 攻陷人氣TOP1的酒店小姐

成為有魅力的男人，而不只是金主

有不少男性對特種行業女性感到癡迷，其中有些人不但深深為對方著迷，還會為了追求對方，不惜贈送高級禮品和大筆金錢，甚至侵占公款被逮捕，或是落入高利貸陷阱而背負數條債務等。

在特種行業中，夜晚翩翩飛舞的蝴蝶們，如果不具備吸引人的魅力，要怎麼開店經營生意呢？女性在維持美貌上下了很多功夫，目的就是得到男性顧客的青睞。

對以追求為目的的男性來說，酒家仍是他們的首選。高級酒店門檻過高，若非公司業務需求，不太有機會能夠去消費，而性感酒家或個人沙龍的女性，對男性來說是用金錢攻勢就可以得手、較低等級的酒家女，無法點燃男性內心的成就感與狩獵慾望。

年輕貌美、充滿了女性魅力、熟知如何擄獲男人心的酒店小姐，對男性而言，更有追求的價值。

雖說是酒店，但是這行業的女性工作者各有不同特色。在日本，郊區或偏僻地區的酒店小姐較缺乏專業精神，大多數的心態都很隨性、輕鬆。不過，新宿或六本木的酒店小姐就很重視個人業績，清楚知道自己的定位，大部分具有高度的專業精神。

然而，**若你只以追求為目的，可以到店內看看，在小姐每十到二十分鐘換檯時，觀察是否有新來的小姐，或是學生打工這類專業度較低的女性，你如果指定她們陪同出場，約在下班後碰面，之後直接前往飯店，這樣的流程是很有可能成功的。**

所謂缺乏專業精神，是指小姐並未意識到「客人就是金錢」這件事，很容易與客人產生感情，也因此容易發展成工作以外的關係。不過，這些都屬於低難度且廉價的追求手段，應該無法令頂尖級位的酒店小姐感到滿意。

會受到青睞的酒店小姐，通常會是店內人氣排行榜前三名，可愛貌美、打扮光鮮亮麗的女孩。這類型的女性擅長運用個人魅力來誘惑男性，不輕易接受客人追求。因為她們擁有

「客人就是金錢」的專業精神，也不會出賣肉體來做生意。這是因為她們深知一個重要的道理，一旦接受了客人的追求，對方以後就不會出現在店裡了。

讓對方主動接近的密技

這種酒店小姐具備了極高的專業精神，因為她們意識到只有趁年輕的時候才能多賺一點，並確實達到店內的業績標準，時常將薪酬的最高標準銘記在心。

反觀，如果你因為酒店小姐給你聯絡方式，感到沾沾自喜，那麼你可能會受到她要求同行或出遊的攻勢，短時間內就賠光自己的積蓄，然後再被她拋棄。

斷絕金錢往來，也代表雙方緣分到了盡頭，千萬不要由愛生恨，變成恐怖的跟蹤狂。

酒店內是男女偽裝戀愛的舞台，為了要追求專業酒店小姐，客人必須建立一套自己的「虛擬世界」，以對抗店家或酒店小姐的「虛擬世界」，這才是最快速的捷徑。這是因為酒店提供了男性美夢般的環境，男客人也可以反過來給酒店小姐一個美好的夢。若是拚命不斷地去酒店消費，只會被人看作是心術不正的「金主」。

酒店小姐甚至會有兩支手機，一支工作用，一支私人用。專業的小姐與白天也很忙碌的兼職小姐不同，她們看準可能成為「金主」的客人，願意花自己的下班時間來經營關係。為了避免對方要求同行或出遊，你可以偽造某ＩＴ企業的公司負責人名片，假裝自己很忙碌的樣子。記得不要對酒店小姐露出色瞇瞇的表情，要讓她看見你紳士般的風采，絕對不要顯露洋洋得意的態度。

然後，你可以用穿西裝不打領帶的爽朗姿態，在酒店即將打烊之際走進店裡，高貴地邀請她一起吃飯，「在六本木有家藝人投資的酒吧，是我朋友開的，方便的話要不要一起去呢？」目標是要在她的下班時間成功邀約。

之所以穿西裝，是因為可以製造「制服效果」。精緻的包包或鞋子不用說了，一定是基本配備，至於會在酒店小姐面前拿出來的皮夾，也必須精心準備。為了取得信任而亮出來給對方看的錢，至少也要十萬日圓的鈔票，把皮夾塞得滿滿的。這樣的小動作，就能讓具備專業的酒店小姐眼神為之一亮。

這麼一來，你只要扮演好能夠讓酒店小姐不把你當成「一般客人」、而是有機會發展成朋友或戀人的角色，就能輕鬆實現從下班約會直接升級成上賓館的計畫。

回頭來看，你如果頻繁去店裡消費、每月投入二、三十萬日圓，但只要被認定為「一般客人」，是無法成功追求到對方的。**你應該要把錢花在自己所扮演的角色上**。用這個方式來追求的話，攻陷人氣第一名的酒店小姐有如囊中取物。

不過也要提醒一件事，當你隔天見到酒店小姐的素顏時，希望你不會因為好像看到另一個人而嚇得腿都軟了。

9 把別人的女友搶過來的心理戰術

用正當理由接近對方

如果你要追求的女生心中有一把「我有男朋友」的尺，這樣的情況下，無論你再怎麼熱切地追求她，跟她告白「我喜歡妳，請跟我交往」，也只會被斷然拒絕，「抱歉，我已經有男朋友了。」如果你再繼續糾纏的話就是脅迫行為，反而會引起對方的反感。這樣一來，你連下一次能表現的機會都不知道在哪裡了。

像這種情況，必須採取面面俱到的作戰方式，先不著痕跡地接近女性，以「男性朋友」的方式跟對方打好關係，再成為好朋友。如果你喜歡的女生跟你在同一間公司上班，你就要先調查她的相關資訊，之後不經意地問出她住的地方、生活型態、來自哪裡、學歷及工作經歷等。接著繼續了解她喜歡什麼，又有什麼樣的喜好等。

掌握了對方的基本資料後，就可以盡可能培養更多與對方之間的共通點。你可以假裝在車站月台上與她不期而遇，互相打招呼，不著痕跡地閒聊到彼此的「共通點」（見第五十二頁），營造熟悉的氛圍，讓自己在對方心中留下深刻的印象。或者，在工作場合提出一些讓對方可以簡單回答的問題，或是藉故找她商量事情、借用文具等，透過這些方法接觸也不錯（見第二十八頁）。

假裝自己已經死會，卸下對方心防

人們會對善良的人產生好感，這是一種心理作用。「我會對他好，是因為他是好人」，這樣想，認知才會協調。藉由重複這種與對方單純的互動，對方內心原本認為你帶來的威脅感，應該就會慢慢消失（見第四十六頁）。

接著你再用這種方式拉近彼此距離，**彼此變得熟悉之後，你可以告訴對方，你已經有女朋友了（撒謊也沒關係）。女生聽到這種話會感到放心，因為她會覺得「你並不是抱著追求的心態接近我的」，你們的關係就能往前更進一步。此時你就可以請她站在女性角度提供各**

種意見，幫你解決煩惱。

「女生喜歡在什麼樣的店裡約會呢？」詢問對方意見時，也就同時知道對方的喜好。而且如果你先提出自己的觀點，那麼對方也會用她的觀點來回應你（見第五十二頁）。如此一來，以「能夠給予戀愛諮詢的男性朋友」這個正當理由接近對方的任務就完成了。

扮演「比女性更了解女性的男性」

像這種能夠給予戀愛諮詢的男性朋友，地位遠比網友、酒友、飯友、職場朋友來得更為高階。畢竟，可以互相討論彼此的男女朋友，表示心理上的距離非常靠近，這是非常強而有力的關鍵點。

所謂「戀愛」，是指雙方互相愛戀傾慕，擁有特別的感情，而這個感情的基礎，是建立在想要與對方結合為一的強烈渴求上，亦即性關係帶來的快感。簡而言之，「想和這個人做愛」才是戀愛的本質。戀愛不是你想像中的那般純粹、美好、優雅、崇高，以上皆非。

男生見到女生時，心中會有一把用來衡量和觀察對方的尺，他們首先會從女性的體型開始觀察，接著是臉，再來是服裝，最後是攜帶的物品。至於女生見到男生時，同樣會有一套觀察順序，依序是服裝、攜帶物品、體型、臉部。

男女觀察異性時的不同順序，隱含了人類生存本能的意義。男性本能會尋找能延續自己基因、留下後代的最大可能性，因此會從女性的體型與臉部來做判斷。對照女性來說，她們要能夠從男性的服裝和攜帶物品中，看出對方是否具有保護與照顧女性的能力及資質。換句話說，**女性要求的男性價值取決於能力，而非相貌**。

然而，要衡量一個人的能力並非易如反掌之事。「能夠給予戀愛諮詢的男性朋友」這樣的定位，正是向女生展現自我能力的好時機。因為未婚女性會打量正在交往的男性友人，要是此時自己的男友剛好抱持著「眼前的她沒什麼太奇怪的地方，這樣就好了」的心態，女友就很容易因為其他人而動搖。

有太多例子告訴我們，當情侶吵架時，才知道彼此的價值觀有多麼不同。此時，「能夠給予戀愛諮詢的男性朋友」這個角色就能發揮巨大的影響力。你要做的事，應該是避免胡亂地責備或批判女方的男朋友，如果對方懷疑男友心裡有鬼，你就要考量到女性心理，運用自己的同理心和女方站在同一陣線。如此一來，女方便會被你這位比女生還要了解女生的男生所吸引。這時候即使對方有男朋友，要巧妙擄獲她的芳心，也不是不可能的事了。

國家圖書館出版品預行編目資料

有效到讓人中毒的最強心理學：提防惡用上癮、小心中毒的 45 個心理學絕技 / 神岡真司著；陳畊利譯．-- 初版．-- 新北市：方舟文化出版：遠足文化發行，2020.09

面；　公分．--（心靈方舟；0AHT0025）

譯自：効きすぎて中毒になる 最強の心理学

ISBN 978-986-99313-1-1（平裝）

1. 人際關係 2. 應用心理學

177.3　　　　109007782

心靈方舟 0025

有效到讓人中毒的最強心理學

提防惡用上癮、小心中毒的45個心理學絕技

作者	神岡真司（SHINJI KAMIOKA）
譯者	陳畊利
選題策劃	李志煌
封面設計	職日設計
內頁設計	Atelier Design Ours
文字協力	吳欣穎
特約主編	錢滿姿
行銷經理	王思婕
總編輯	林淑雯

讀書共和國出版集團

社長	郭重興
發行人兼出版總監	曾大福
業務平臺總經理	李雪麗
業務平臺副總經理	李復民
實體通路經理	林詩富
網路暨海外通路協理	張鑫峰
特販通路協理	陳綺瑩
印務	黃禮賢、李孟儒

出版者 方舟文化／遠足文化事業股份有限公司
發行 遠足文化事業股份有限公司(讀書共和國出版集團)
231 新北市新店區民權路108-2號9樓
電話：（02）2218-1417 傳真：（02）8667-1851
劃撥帳號：19504465 戶名：遠足文化事業股份有限公司
客服專線 0800-221-029
E-MAIL service@bookrep.com.tw
網站 www.bookrep.com.tw
印製 通南彩印股份有限公司 電話：（02）2221-3532
法律顧問 華洋法律事務所 蘇文生律師
定價 360元
初版一刷 2020年 9 月
初版十刷 2024年 1月

方舟文化官方網站

方舟文化讀者回函